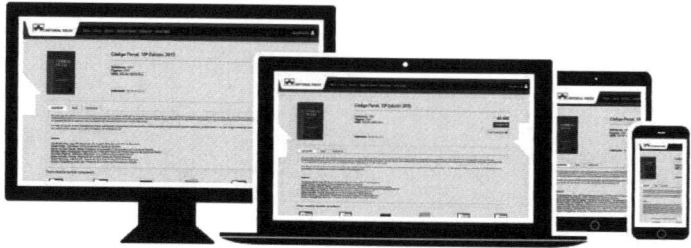

¡Gracias por confiar en Colex!

La obra que acaba de adquirir incluye de forma gratuita la versión electrónica. Acceda a nuestra página web para aprovechar todas las funcionalidades de las que dispone en nuestro lector.

Funcionalidades eBook

Acceso desde cualquier dispositivo

Idéntica visualización a la edición de papel

Navegación intuitiva

Tamaño del texto adaptable

Síguenos en:

LA EXCEPCIÓN PERIODÍSTICA

CONCILIACIÓN ENTRE EL DERECHO FUNDAMENTAL A LA PROTECCIÓN DE DATOS Y LA LIBERTAD DE INFORMACIÓN EN UNA SOCIEDAD DIGITALIZADA

LA EXCEPCIÓN PERIODÍSTICA

CONCILIACIÓN ENTRE EL DERECHO FUNDAMENTAL A LA PROTECCIÓN DE DATOS Y LA LIBERTAD DE INFORMACIÓN EN UNA SOCIEDAD DIGITALIZADA

Ana Orts Rodríguez
Profesora doctora Derecho Constitucional

Prólogo
Rosario Tur Ausina
Nuria Reche Tello

COLEX 2024

© Editorial Colex, S. L.
Calle Costa Rica, número 5, 3.º B (local comercial)
A Coruña, C. P. 15004
info@colex.es
www.colex.es

I. S. B. N.: 978-84-1194-559-2
Depósito legal: C 1091-2024

A mis padres, por educarme con mucho amor.

A Inma, Asun, Marina, Cintia y María, mis queridísimas «locas» que me colman de cordura y que añaden inteligencia, risas y bondad a mi vida.

A Nacho, por su apoyo incondicional, su comprensión infinita y hacerme reír todos los días. Cada día a tu lado es un inefable regalo de la vida.

SUMARIO

ABREVIATURAS

PRÓLOGO

INTRODUCCIÓN

CAPÍTULO I.
NACIMIENTO Y EVOLUCIÓN DE LA PROTECCIÓN DE DATOS Y LA LIBERTAD DE INFORMACIÓN. LA TECNOLOGÍA COMO REFERENTE

CAPÍTULO II.
RÉGIMEN JURÍDICO DE LA PROTECCIÓN DE DATOS
A LA LUZ DE LA (R)EVOLUCIÓN TECNOLÓGICA

CAPÍTULO III.
CONCILIACIÓN ENTRE PROTECCIÓN DE DATOS/LIBERTAD
DE INFORMACIÓN: LA EXCEPCIÓN PERIODÍSTICA

CAPÍTULO IV.
HACIA UNA MEJORA DE LA CONCILIACIÓN: IDENTIDAD
DIGITAL Y PROPUESTA *DE LEGE FERENDA* O DE *SOFT LAW*

CONSIDERACIONES FINALES

AGRADECIMIENTOS

BIBLIOGRAFÍA

PRINCIPALES SENTENCIAS, MEMORIAS Y DOCUMENTOS DE INTERÉS CONSULTADOS

ABREVIATURAS

AEPD	Agencia Española de Protección de datos
Art./Arts	Artículo/Artículos
ATC	Auto del Tribunal Constitucional
BOC	Boletín Oficial de las Cortes
BOE	Boletín Oficial del Estado
CC	Código Civil
CDD	Carta de Derechos Digitales
CdE	Consejo de Europa
CDFUE	Carta de Derechos Fundamentales de la Unión Europea
CE	Constitución española de 1978
CEDH	Convenio Europeo de Derechos Humanos
CEPD	Comité Europeo de Protección de Datos
CIS	Centro de Investigaciones Sociológicas
CMSI	Cumbre Mundial de la Sociedad de la Información
CPDH	Convenio para la Protección de los Derechos Humanos y de las Libertades Fundamentales de 1950
DATA 2018	Data Protecction Act 2018 del Reino Unido
DOCE	Diario Oficial de las Comunidades Europeas
DOUE	Diario Oficial de la Unión Europea

DUDH	Declaración Universal de Derechos Humanos, adoptada por la Asamblea General de Naciones Unidas, el 10 de diciembre de 1948
EAEPD	Estatuto de la Agencia Española de Protección de Datos
ENISA	Agencia de la Unión Europea para la ciberseguridad
FJ	Fundamento Jurídico
IA	Inteligencia artificial
ICO	Information Commissioner's Office, del Reino Unido.
INCIBE	Instituto Nacional de Ciberseguridad.
IoT	Internet de las cosas
LEC	Ley de Enjuiciamiento Civil
LO	Ley Orgánica
LOPD	Ley Orgánica 15/1999, de 13 de diciembre, de Protección de Datos de Carácter Personal
LOPDGDD	Ley Orgánica 3/2018, de 5 de diciembre, de Protección de datos Personales y Garantía de los Derechos Digitales
LOPJ	Ley Orgánica 6/1985, de 1 de julio, del Poder Judicial
LORTAD	Ley Orgánica 5/1992, de 29 de octubre, de Regulación del Tratamiento Automatizado de los Datos de carácter personal (derogada)
LOTC	Ley Orgánica del Tribunal Constitucional
LSSI	Ley 34/2002, de Servicios de la Sociedad de la Información y de Comercio Electrónico
ONTSI	Observatorio Nacional de Tecnología y Sociedad
ONU	Organización de Naciones Unidas
RAE	Real Academia Española
Reglamento IA	Reglamento de Inteligencia Artificial
RGPD	Reglamento General de Protección de Datos

S.	Siglo
SEPD	Supervisor Europeo de Protección de Datos
SSTC	Sentencias del Tribunal Constitucional español
SSTEDH	Sentencias del Tribunal Europeo de Derechos Humanos
SSTJUE	Sentencias del Tribunal de Justicia de la Unión Europea
SSTS	Sentencias del Tribunal Supremo
STC	Sentencia del Tribunal Constitucional español
STEDH	Sentencia del Tribunal Europeo de Derechos Humanos
STJUE	Sentencia del Tribunal de Justicia de la Unión Europea
STS	Sentencia del Tribunal Supremo español
TC	Tribunal Constitucional español
TEDH	Tribunal Europeo de Derechos Humanos
TFUE	Tratado de Funcionamiento de la Unión Europea
TIC	Tecnologías de la Información y la Comunicación
TJUE	Tribunal de Justicia de la Unión Europea
TL	Tratado de Lisboa, que entró en vigor el 1 de diciembre de 2009
TS	Tribunal Supremo español
TUE	Tratado de la Unión Europea
UE	Unión Europea

PRÓLOGO

La obra que prologamos constituye una importante parte del resultado de la tesis doctoral que la autora defendió en la Universidad Miguel Hernández de Elche en mayo de 2024. Con ello, culminaba una laboriosa etapa desde que decidió reforzar su formación jurídica para abordarla ahora desde el ámbito científico y, en particular, desde el Derecho constitucional. Y lo hacía tras haber apostado por enfrentarse a un ámbito de estudio no exento de complejos retos.

El Derecho constitucional es, como es más que conocido, una disciplina que está lejos de poder encasillarse entre los diversos ámbitos que tradicionalmente la componen. Las fuentes del derecho, los derechos fundamentales, la división horizontal y vertical del poder… irradian no sólo hacia otras disciplinas o sectores del ordenamiento, haciendo que cobre pleno sentido la interdisciplinariedad, sino hacia cualquier aspecto de la vida cotidiana. Se puede vivir sin el soporte de la teoría constitucional, pero no se vive de la misma manera, pues a buen seguro que perderemos de vista en qué medida la libertad y la igualdad del ser humano se están viendo afectadas por todas esas vicisitudes. Enfocar cada situación desde el constitucionalismo es una garantía de que velaremos por el status del ser humano, aunque no sabemos si necesariamente para progresar. De hecho, no son tan extrañas las involuciones. Sin embargo, al menos esa vigilancia servirá para tomar conciencia de que nuestra esencia humana está en juego.

La profesora Orts es consciente de esta mirada, pues no en vano hace unos años que es también Profesora de Derecho constitucional. Por ello, no tuvo reparo en sumergirse en el vasto océano de los retos tecnológicos y, desde ellos, reflexionar sobre el impacto que el ejercicio de la libertad de información en un entorno digitalizado puede tener sobre otro derecho estrella: el derecho del Siglo XXI, la protección de datos personales.

Se entra así en «un clásico» con tintes más que modernos: el conocidísimo conflicto entre la libertad de expresión y la privacidad en sus diversas dimensiones y perspectivas, ahora reenfocado hacia una fuerte tensión entre la intensa democratización de la labor informadora a través de muy distintos medios y por los más variados sujetos, y el uso masivo —con altos riesgos de abuso— de datos personales por parte de los operadores jurídicos de la información. Una tensión que pone en jaque la propia privacidad e identidad del ser humano. Y todo ello con la tecnología como telón de fondo.

Porque en menos de veinticinco años las innovaciones en este sector han sido de tal magnitud que han provocado una fuerte disrupción respecto del analógico siglo XX, sacudiendo los pilares de nuestras sociedades occidentales, principalmente, y con ello el devenir de éstas y de la ciudadanía, y condicionando sobremanera su propio *modus vivendi*. El ejercicio mental de imaginar unos días sin poder consultar internet, el correo electrónico, o las redes sociales no es baladí; seguramente la mayoría de nosotros nos sentiríamos desorientados, sin rumbo. Así de poderosa, por la dependencia que genera, es la tecnología hoy día. Un poder económico, pero también político, cada vez menos en manos del pueblo, si es que alguna vez lo estuvo realmente, sino depositado en grandes tecnológicas que gobiernan en la sombra y deciden lo que «mejor nos conviene» porque nos conocen muy bien. Un mundo donde «los políticos pueden menos de lo que parece y los científicos saben menos de lo que creemos» (Innerarity, 2020). Por eso debemos preocuparnos por la salud de nuestros sistemas democráticos, de los derechos conquistados, que corren peligro si no acudimos en su ayuda. Y los juristas recurrimos para ello al Derecho. De ahí que la obra que prologamos, con buen criterio y sentido, busque reforzar el derecho a la protección de datos ampliando su contenido con una nueva faceta, la identidad digital, entendida como «la conciencia/visión que cada persona tiene de sí misma, la que los demás creen tener de ella, y lo que quiere mostrar a los demás», buscando así una mejor conciliación entre aquel y la libertad de información.

Porque como brillantemente señalara Rodotà (2018), la propia identidad se sustrae cada vez más a la decisión y al conocimiento individuales, de manera que uno es quien Google dice que es, «y sobre esta base la persona se conoce y se clasifica, se construyen proyecciones de sus posibles decisiones futuras, de modo que la persona corre el riesgo de ser valorada por sus propensiones y no por sus acciones. Así, la separación entre identidad e intencionalidad, además de ser una "captura" de la identidad por parte de otros, confirma una tendencia hacia un alejamiento progresivo de la identidad como fruto de la autonomía de la persona. Se empaña hasta desaparecer la fuerza del humano en la construcción de sí mismo, y es trabajosa la investigación de vías para reinventar la identidad en la época de la tecnociencia». Este es precisamente el trabajo que se esfuerza en realizar la profesora Orts, ampliando el alcance del derecho a la protección de datos no solo con el derecho al olvido, sino desde la novedosa perspectiva del referido derecho a la identidad digital.

El Derecho, y el Derecho constitucional en particular, necesitan redimensionarse para atender a los nuevos retos que la tecnología plantea. Sabemos que el ordenamiento jurídico suele asumir con escasa celeridad los cambios, pero lamentablemente ya no contamos con demasiado tiempo, a menos que asumamos que el riesgo de pérdida de una auténtica libertad en igualdad va a ser ya en cierta medida inevitable.

Los distintos operadores jurídicos, con mayores o menores responsabilidades, parecen obligados a actuar con cierta diligencia, desde el entendimiento y la negociación, aunando teoría y práctica. Por ello es importante que obras como ésta que prologamos abran la reflexión, conecten con la aplicación cotidiana del derecho, y se adentren en problemas especialmente relevantes en estos tiempos. La autora de esta obra lo consigue, pues traslada a las páginas de esta monografía su doble perfil, como académica y como profesional de la judicatura, y se esfuerza con ello por conciliar, no solo los derechos que están en juego sino también las vertientes teóricas y prácticas del Derecho. Porque la judicatura, por cierto, ha de estar intensamente conectada a nuestro juicio con el Derecho constitucional, si queremos una comprensión del ordenamiento jurídico alejada en cierta medida de un enfoque avalorativo y aséptico, y más cercano, pues, tanto a la diversidad innata al ser humano como a la dimensión humanista que ha de presidir el Derecho.

La profesora Orts se adentra, con el empeño y tesón que la caracteriza, en esta difícil empresa, abriendo la que puede estar siendo una de las más relevantes Cajas de Pandora que han rodeado al Derecho constitucional de los últimos tiempos: el alcance que una intensa y masiva libertad de información, en un contexto digital con controles líquidos y difusos, pueda estar teniendo sobre la identidad y la libertad personal del ser humano.

Rosario Tur Ausina
Nuria Reche Tello

INTRODUCCIÓN

La tecnología y el mundo digital están transformando la sociedad, la forma en que conseguimos y aportamos información. Se producen grandes flujos de información[1] obtenida, en su mayoría, con datos personales que se aportan «voluntariamente» a la red y que implican, tanto un beneficio económico, como una visión «completa» —más bien sesgada— sobre cómo somos, sobre nuestra identidad, y que, en muchas ocasiones, no responden a la idea/concepción que tenemos de nosotros mismos, o que los demás tienen de nosotros, incluso de lo que queremos mostrar o mostramos a los demás.

El derecho tiene que adaptarse a esta nueva realidad, lo que, en principio, no supone novedad alguna; pero lo hace con gran dificultad teniendo en cuenta que nos encontramos con una ciudadanía que diariamente se conecta a internet, que aporta ingentes cantidades de datos personales, desconociendo el tratamiento que se les da; y con hardware y softwares capaces de almacenar esa multitud de datos, de cruzarlos y procesarlos.

El derecho se enfrenta a un problema y la ciudadanía colabora a su generación. Somos adictos a la sociedad digital, actuamos «por necesidad»; nos preocupa, pero no sabemos prescindir de la tecnología. Y

---

1   *Vid*. RGPD, Considerando 6: «*La rápida evolución tecnológica y la globalización han planteado nuevos retos para la protección de los datos personales. La magnitud de la recogida y del intercambio de datos personales ha aumentado de manera significativa… Las personas físicas difunden un volumen cada vez mayor de información personal a escala mundial…*».

ello sin olvidar, que los avances tecnológicos de las últimas décadas han convertido la información en un instrumento que otorga poder a quien lo detenta. Es cierto que la información siempre ha significado poder para los poderes públicos y el sector privado, pero con la revolución tecnológica y la digitalización de la sociedad, el poder es mayor porque somos grandes consumidores de tecnología.

Al mismo tiempo, esta tecnología también ha transformado el periodismo. Por un lado, quienes ejercen la libertad de información no son sólo periodistas profesionales, sino también existe un periodismo ciudadano que va ganando terreno; por otro lado, los periodistas[2] disponen de grandes cantidades de datos/información y la utilizan de manera rápida para dar respuesta a las crecientes necesidades de la ciudadanía. Por lo tanto, en ocasiones podrá ser imposible saber si las fuentes que los periodistas manejan son fiables, si sus noticias son veraces, toda vez que aquellas tienen que difundirse de modo rápido. Internet es así, a diferencia del periodismo impreso.

Surge, de esta manera, una complicada interrelación entre información periodística y datos que conforman nuestra identidad. En este marco encontramos dos derechos fundamentales en juego, pilares de un sistema democrático[3] y esenciales para la dignidad de la persona, como son la libertad de información y el derecho a la protección de datos; y ninguno de ellos, lógicamente, es absoluto. Así lo señala el RGPD en su art. 4: «*El derecho a la protección de los datos personales no es un derecho absoluto sino que debe considerarse en relación con su función en la sociedad y mantener el equilibrio con otros derechos fundamentales...*».

Conforme avanzamos en la digitalización de la sociedad, constatamos una necesidad cada vez mayor, mucho más que en etapas

---

2   A lo largo de la monografía utilizaremos la expresión «periodistas» como sinónimo de quienes ejercen la libertad de información, ya se trate de periodistas profesionales o de ciudadanos que ejercen el llamado periodismo ciudadano. Y ello, no sólo porque en la era digital es tan importante el periodismo profesional como el que no lo es; sino también porque la CE, en su art. 20.1 d), no limita el ejercicio de la libertad de información al periodismo profesional.

3   *Vid.* STC, Sala 1.ª, 58/2018, de 4 de junio, FJ 7: «*El Tribunal Europeo de Derechos Humanos insiste en que la prensa juega un papel esencial en una sociedad democrática, en la medida en que le incumbe comunicar, en cumplimiento de sus deberes y de sus responsabilidades, informaciones e ideas sobre todas las cuestiones de interés general*».

anteriores, de conciliar estos derechos. Pero nos encontramos con una vasta legislación, amplísima, en materia de protección de datos (RGPD y LOPDGDD), lo que dificulta la conciliación, toda vez que, si aplicáramos toda esa normativa a la libertad de información, prácticamente se impediría *de facto* el ejercicio de este derecho fundamental. Por tanto, la solución es la regulación de la excepción periodística para no aplicar todas las normas de protección de datos a la libertad de información. Y aunque la excepción o exención periodística está prevista en la normativa comunitaria, imponiéndole al legislador nacional su regulación, nuestro legislador no ha cumplido con el mandato, ni existe previsión de hacerlo. No obstante, sí que encontramos algunos preceptos que se refieren a ella, pero son escasos y dispersos.

Así pues, ante esta situación y con la finalidad de garantizar mejor los derechos de la ciudadanía, en esta monografía reflexionamos sobre la excepción periodística. Ofrecemos un estudio práctico, normativo y jurisprudencial, que permita conocer cuándo debe prevalecer el derecho a la protección de datos o a la libertad de información cuando colisionan en el mundo digital. Al mismo tiempo, se reflexiona sobre la posible necesidad de reformular el derecho a la protección de datos a la luz de los avances tecnológicos y de su necesaria coexistencia con la libertad de información en una sociedad digitalizada, realizando una propuesta de reforma constitucional, pero sobre todo de *lege ferenda* o de *soft law* que permita una mayor garantía de los derechos en juego.

CAPÍTULO I.

NACIMIENTO Y EVOLUCIÓN DE LA PROTECCIÓN DE DATOS Y LA LIBERTAD DE INFORMACIÓN. LA TECNOLOGÍA COMO REFERENTE

En el origen del derecho fundamental a la protección de datos y a la libertad de información, así como de la normativa sobre la materia, se encuentra, inexorablemente, el contexto tecnológico. Contexto que también ha influido en la evolución de la relación entre ambos derechos.

1.1. El derecho fundamental a la protección de datos

1.1.1. Evolución tecnológica y su inclusión en la CE

La inclusión del derecho a la protección de datos en el art. 18.4 CE es consecuencia de los primeros avances tecnológicos, no sólo informáticos, que por nimios que nos puedan parecer ahora, contribuyeron a iniciar el largo camino hasta su incorporación a nuestra Constitución.

No podemos olvidar que la tecnología ya estaba muy avanzada en 1978 y que con cada avance tecnológico van apareciendo las primeras leyes sobre protección de datos. Así, podemos destacar los siguientes hitos tecnológicos:

- A principios del s. XIX nos encontramos los primeros precedentes del ordenador. En concreto, en el origen de la programación se encuentra el matemático Jacquard que «desarrolló un sistema de tarjetas perforadas»[45] que controlaban un telar, y sin las cuales no se entendería hoy en día la informática. Estas tarjetas fueron «el primer sistema de programación: un programa introducido en un telar que leía el código y permitía tejer unas figuras determinadas»[6]. Pero no es hasta mediados del s. XX cuando comenzaron a utilizarse los ordenadores para almacenar datos, y así «Backus creó (…) el primer lenguaje de programación conocido que tenía como fin realizar cálculos numéricos y científicos de manera eficiente»[7]. Estamos ante el primer sistema que permite un tratamiento automatizado de datos, que es la clave para el surgimiento de las primeras leyes que protejan nuestros datos.

- En el s. XIX Charles Babbage, considerado «el inventor espiritual del ordenador»[8], desarrolló un proyecto de «máquina diferencial para

4   VINUESA ANGUITA, P., «Quién fue el inventor del ordenador?», *Blog Orange Innovación*, Orange, 2022. Disponible en:
    https://blog.orange.es/innovacion/inventor-del-ordenador/.(Consulta: 19/03/24).

5   En la actualidad «una tarjeta perforada es una pieza de cartulina que contiene información digital representada mediante la presencia o ausencia de agujeros en posiciones predeterminadas». UMA DIVULGA, «Tarjetas perforadas», *Blog UMA Divulga*, Divulgación científica de la Universidad de Málaga, «s.f». Disponible en:
    https://www.umadivulga.uma.es/museo-virtual/informatica/tarjetas-perforadas/. (Consulta: 20/03/24).

6   GOMEZ, P., «Historia de la programación: ¿qué es y cómo ha evolucionado con los años», *Blog lenguajes de programación*, devCamp by Bottega, 2023. Disponible en: https://devcamp.es/historia-de-la-programacion-que-es-y-como-ha-evoluciona do-con-los-anos/. (Consulta: 20/03/24).

7   *Idem*.

8   VINUESA ANGUITA, P., obra cit.

evaluar polinomios»[9], y en 1835 su «máquina analítica basada en las tarjetas de Jacquard»[10]. Esta última contaba con «dispositivos de entrada basados en las tarjetas perforadas de Jacquard, un procesador aritmético, que calculaba números, una unidad de control que determinaba qué tarea debía ser realizada, un mecanismo de salida y una memoria donde los números podían ser almacenados hasta ser procesados. Se considera que (…) fue la primera computadora del mundo»[11]. Ninguna de las dos máquinas llegó a terminarse, pero se está gestando el nacimiento de los primeros ordenadores.

- En 1848 «Ada Lovelace elaboró una serie de estudios y llegó a diseñar un plan, que consistía en hacer que la máquina ideada por Charles Babbage pudiese ser reconfigurada para calcular números (…). Hoy en día, ese plan está considerado como el primer programa de ordenador escrito cien años antes de que se fabricase el primero. Por ello, Ada Lovelace es considerada la primera programadora de la historia»[12]. Años después, el inventor sueco Per Georg Scheutz y su hijo diseñaron la primera calculadora de impresión. Son todavía precedentes remotos, muy alejados del concepto actual de ordenador. No obstante, se va avanzando en máquinas y programas; tecnología que abre el camino al tratamiento automático de información.

- Sobre finales del s. XIX Herman Hollerith construyó «un sistema de máquinas que procesaban, evaluaban y clasificaban la información codificada en ellas para la elaboración del censo de Estados

---

9   *Idem*.

10   *Idem*.

11   TRILNICK, C., «Máquina diferencial – Máquina analítica», *Blog IDIS*, IDIS, «s.f». Disponible en: https://proyectoidis.org/maquina-diferencial-maquina-analitica/. (Consulta: 20/03/24).

12   TRILNICK, C, «Ada Lovelace», *Blog IDIS*, IDIS, «s.f». Disponible en: https://proyectoidis.org/ada-lovelace/. (Consulta: 20/03/24).

Unidos»[13]. Un sistema que podemos considerar más cercano al ordenador actual; de ahí que algunos consideren a Hollerith como «el primer informático»[14].

- En 1872 se creó, por el físico William Thomson, «el considerado primer ordenador analógico»[15], construyendo un modelo más avanzado su hermano James Thomson. No obstante, no fue hasta bien entrado el s. XX cuando Hazen y Busch «perfeccionaron la idea del ordenador analógico mecánico en el MIT (…) era realmente práctico, pues podía usarse para resolver diferentes problemas»[16].

- Posteriormente Alan Turing —considerado por un amplio sector doctrinal como el padre de la IA—, pensó en una máquina que «resolvería cualquier problema que pudiera traducirse en términos matemáticos y luego reducirse a una cadena de operaciones lógicas (…) Había nacido el ordenador digital, pero de momento sólo era una máquina imaginaria»[17].

- El primer ordenador funcional se debe al ingeniero civil Konrad Zuse. «Fue el Z1, ordenador capaz de guardar 64 palabras diseñado con varas, latas y palancas en el salón de la casa de sus padres»[18]. Por tanto, era electromecánico. Zuse también construyó el Z2 y el Z3. Este último en 1941, considerado por algunos como «la primera computa-

---

13 CERUZZI, P.E., CERUZZI, P.E., «Historia de la informática», *Fronteras del conocimiento*, BBVA, Madrid, 2008. Disponible en:
https://www.bbvaopenmind.com/articulos/historia-de-la-informatica/.(Consulta: 14/03/24).

14 VINUESA ANGUITA, P., obra cit.

15 DOMENECH, F., «¿Quién inventó el primer ordenador?», *Blog Tecnología visionarios*, OpendMind BBVA, 2020. Disponible en:
https://www.bbvaopenmind.com/tecnologia/visionarios/quien-invento-el-primer-ordenador/. (Consulta: 20/03/24).

16 *Idem*.

17 *Idem*.

18 VINUESA ANGUITA, P., obra cit.

dora del mundo, que ocupaba como un armario y contenía hasta 600 relés. Zuse no solo concibió el *hardware*: (…) también creó un sencillo lenguaje de programación (…) que introducía en la máquina con tiras perforadas»[19].

- En la misma época se construyó el Colossus, «el primer ordenador electrónico, digital y además programable»[20]. Era una «máquina que realizaba operaciones de cálculo (…) no realizaban operaciones aritméticas (…) pero sí llevaban a cabo operaciones de lógica a gran velocidad»[21].

- Pero el primer ordenador que se parecía a los actuales, que tenía «los rasgos básicos de nuestros ordenadores actuales»[22], fue el ENIAC. «En febrero de 1946 (…) el ejército de Estados Unidos hizo público el Calculador e integrador numérico electrónico (…). El ENIAC (…) se presentó como un instrumento capaz de calcular la trayectoria de un proyectil lanzado desde un cañón antes de que el proyectil realizara el recorrido»[23].

- Otro hito importante, en el nacimiento del ordenador comercial, lo marcan Eckert y Mauchly, toda vez que «buscaron aplicaciones comerciales para su invento (…) fueron los primeros en crear un ordenador para uso comercial: el LEO, una versión comercial del EDSAC diseñado para una empresa de catering llamada J. Lyons & Company Ltd., que estaba en funcionamiento en 1951»[24]. En el nacimiento de la normativa de protección de datos es crucial, más allá de la creación de los ordenadores, que a éstos se les comenzara a dar un uso comercial; que la ciudadanía tuviera acceso al mismo y no sólo los Estados, universidades o grandes empresas.

- Sobre los años sesenta del siglo pasado, «el software, que empezó como una idea de último momento (…) se estaba convirtiendo cada

---

19 *Idem*.

20 DOMENECH, F., obra cit.

21 CERUZZI, P. E., obra cit.

22 DOMENECH, F., obra cit.

23 CERUZZI, P. E., obra cit.

24 *Idem*.

vez más en el motor que impulsaba los avances informáticos»[25]. Lógicamente, compartimos esta idea de que es necesario el software para el tratamiento automático de datos/información y que también supondrá el nacimiento de las primeras leyes sobre protección de datos.

- Pero un paso relevante entre el ENIAC que pesaba «30 toneladas»[26] y los ordenadores portátiles de la actualidad, fue «la invención del transistor en 1947 y la aparición en los sesenta de los microchips»[27].

- En 1975 IBM lanzó al mercado «el primer ordenador portátil»[28]. Es en esta época, de los años setenta, cuando empiezan a promulgarse las primeras leyes de protección de datos en el ámbito internacional.

En este contexto digital, y ante los peligros que se observan con los avances tecnológicos, aparecen en Europa diferentes normas sobre protección de datos. Llegan oportunamente, toda vez que no se habían lanzado todavía ordenadores portátiles y asequibles de precio, que permitieran un uso masivo de los mismos. Por tanto, reaccionaron pronto, antes de que comenzaran a surgir los problemas con la digitalización de la sociedad.

Entre esas leyes que se publican destacan sobre las demás, por su carácter pionero la ley alemana del Land de Hesse *(Datenschutz)* de 7 de octubre de 1970 y la *Data Lag* de Suecia, 1973/289, de 11 de mayo de 1973. Posteriormente, el 27 de abril de 1977 el Parlamento Federal Alemán aprueba la Ley Federal Bundesdatenschutzgesetz; y, por su parte, en Francia se publica la Ley n.º 78-17, de 6 de enero de 1978.

La Ley alemana del Land de Hesse de 1970, es el primer texto que usa la expresión protección de datos. Y junto a ella, nuestros consti-

---

25 *Idem.*

26 Vinuesa Anguita, P., obra cit.

27 *Idem.*

28 Plieshakov, A., «¿Cuándo se inventó el primer ordenador?», *Blog Info-Computer,* INFOCUMPUTER, 2023. Disponible en: https://www.info-computer.com/blog/cuando-se-invento-el-primer-ordenador/. (Consulta: 20/03/24).

tuyentes tuvieron la referencia de nuestro país vecino, la Constitución portuguesa de 1976, que en su art. 35 regulaba la protección de datos de manera avanzada, aunque sin usar este término[29].

Por tanto, en este contexto tecnológico y de leyes sobre protección de datos no es una novedad que los constituyentes incluyeran el art. 18.4 en la Constitución. Sí fue una novedad, o más bien es relevante que lo incluyeran, toda vez que, a pesar de la tecnología expuesta y con las leyes previas que existían sobre la materia, hubo un gran debate para su incorporación[30].

En definitiva, hemos de agradecer a nuestros constituyentes que tuvieran una visión acertada, y adelantada, de lo que es el actual derecho a la protección de datos y lo incorporaran como derecho fundamental. Quizás falló la técnica legislativa[31], toda vez que no utilizaron la expresión «protección de datos» que ya se había incorporado a otras legislaciones de nuestro entorno más cercano. Sin embargo, supieron ver la necesidad de su regulación para protegernos frente al uso inadecuado de la informática.

1.1.2. Tecnología y normativa española posterior a la CE

Tras la incorporación del derecho a la protección de datos en la CE, es imprescindible referirnos a una segunda etapa que conduce a la «creación» jurisprudencial del mismo. Es una etapa que podríamos llamar intermedia, «analógica» o clásica, en la que se producen grandes avances tecnológicos: evolución de los ordenadores y la creación de internet en la segunda mitad del s. XX. Son avances revolucionarios, sin duda alguna, pero lejos aún de la actual etapa de digitalización social —TIC, IA, big data, redes sociales…—.

---

29   Parafraseado extraído de la obra que publica el primer capítulo de la tesis doctoral. *Vid.* ORTS RODRÍGUEZ, A., «Derecho a la protección de datos personales ¿alejado de los constituyentes?», en TUR AUSINA, R. (dir.), *Sujetos, derecho y lealtad constitucional,* Aranzadi, Madrid, 2022, pp. 275-293.

30   *Vid.* obra cit.

31   Parafraseado ORTS RODRÍGUEZ, A., obra cit.

Esta etapa intermedia la podemos situar entre los debates constituyentes[32] y nuestras primeras leyes en materia de protección de datos —LORTAD[33] y LOPD[34]—, así como en las SSTC que «crean» el derecho a

32　Toda vez que en esta época se produce una gran evolución de los ordenadores y nace internet. En concreto, en torno a los debates constituyentes surge ARPANET (precedente de internet). *Vid.* FACULTAD DE INFORMÁTICA DE BARCELONA (FIB), «Historia de internet», *Retro informática. El pasado del futuro*, FIB, «s.f.». Disponible en: https://www.fib.upc.edu/retro-informatica/historia/internet.html. (Consulta: 19/03/24).

33　*Vid.* Ley Orgánica 5/1992, de 29 de octubre, de regulación del tratamiento automatizado de los datos de carácter personal. *Vid.* AGENCIA DE PROTECCIÓN DE DATOS, *Memoria 1994*, AEPD, Madrid, 1994, p. 64 que realiza un análisis de los problemas pendientes de resolver en materia de protección de datos y que los centra, en esta etapa —y en lo que a este trabajo interesa— en la materia de las telecomunicaciones. En concreto, señala que «*Los trabajos sobre la problemática de la protección de los datos personales utilizados y generados en el marco de los servicios de telecomunicación se remontan a los* últimos *años de la década de los años ochenta. Tres organizaciones comenzaron casi simultáneamente a estudiar estos problemas: la Conferencia de Autoridades de Protección de Datos, el Consejo de Europa y la Comisión Europea… La problemática analizada hace referencia a la necesidad de modular, en su caso, los principios de la protección de datos generalmente aceptados, en función del contexto de los servicios de telecomunicación, en primer lugar, en relación con las clases de datos utilizados: datos de base …, datos de tráfico… y datos de contenido… Los distintos textos en proyecto se han hecho cargo de esta problemática en forma distinta*». Disponible en: https://www.aepd.es/es/documento/memoria-aepd-1994.pdf. (Consulta: 19/03/24).

34　*Vid.* Ley Orgánica 15/1999, de 13 de diciembre, de Protección de Datos de Carácter Personal. *Vid.* AGENCIA DE PROTECCIÓN DE DATOS, *Memoria 2000*, AEPD, Madrid, 2000, p. 327, que incide —no ya en las telecomunicaciones en general— sino en la materia de internet, fijando una serie de conclusiones sobre la materia cuando afirma que «*Internet se concibió como una red mundial abierta (www) a través de la cual se podría compartir información. Sin embargo, es necesario encontrar un equilibrio entre el "carácter abierto" de Internet y la protección de los datos personales de los usuarios de la Red. Con frecuencia se recaba en Internet gran cantidad de información sobre los usuarios de la Red sin que ellos lo sepan. Es necesario tratar esta falta de transparencia con los usuarios de Internet, con el fin de alcanzar un grado aceptable de protección del consumidor y de sus datos personales. Los protocolos son medios técnicos que determinan la forma en que se recogen y se tratan los datos. Los navegadores y el software desempeñan también un papel importante. En algunos casos están dotados de un identificador que permite relacionar al usuario de Internet con sus actividades en la Red. Por lo tanto, corresponde a los agentes que intervienen en su diseño y su desarrollo ofrecer al usuario productos que respeten la privacidad*». Disponible en: https://www.aepd.es/sites/default/files/2019-09/memoria-AEPD-2000.pdf. (Consulta: 19/03/24).

la protección de datos. Son estas SSTC 290/2000 y 292/2000, de 30 de noviembre, en las que podríamos considerar que se sitúa el *dies ad quem* de esta etapa; o el *dies a quo* jurídico de la siguiente, la actual de revolución digital[35].

En este contexto, un elemento imprescindible en el desarrollo de las TIC, —y en la creación de nuestro derecho fundamental a la protección de datos, así como de nuestras primeras leyes—, es el nacimiento de los ordenadores, tal y como los entendemos hoy día, y el tratamiento de datos que éstos pueden realizar, la informática en resumidas cuentas[36]. Con su evolución, junto con la preocupación por la seguridad y la intimidad, van surgiendo, a nivel internacional, europeo y español, distintas normativas en materia de protección de datos de las personas. Se van enlazando las tecnologías analógicas de la información con los ordenadores evolucionados, surgiendo nuevas técnicas de informar/comunicar ligadas a lo digital.

Ahora bien, la verdadera revolución informática, primer paso para la legislación española en materia de protección de datos y la creación de nuestro derecho fundamental, es cuando se puede hablar de «informática casera»[37]: el que se fabriquen y comercialicen ordenadores que puede comprar un número amplio de ciudadanos a un bajo coste. En este acontecimiento destacan dos nombres: el del británico Sir Clive Sinclair, que en 1980 presentó «el Sinclair ZX80, el primer ordenador de la historia que costaba menos de 100 libras (126 €)»[38].

---

35   También es un *dies a quo* del inicio del fenómeno de la globalización como fijan, entre otros, Seijas Villadangos, E., «El pulso del populismo global a la constitución. Pinceladas de un escenario distópico», en Tur Ausina, R. (Dir.), *Sujetos, derecho y lealtad constitucional,* Aranzadi, Madrid, 2022, p. 91. *Vid.* art. cit., p. 91, cuando afirma que «Igualmente, no se concibe un retroceso o una renuncia a los avances, especialmente, en el ámbito tecnológico que ha conllevado la globalización».

36   *Vid. RAE.* La tercera acepción de informática es: «*Conjunto de conocimientos científicos y técnicas que hacen posible el tratamiento automático de la información por medio de computadoras*». Disponible en: https://dle.rae.es/inform%-C3%A1tico. (Consulta: 14/03/24).

37   Pascual Estapé, J. A., «30 años de la informática doméstica en España», *Computer hoy*, noviembre 2014. Disponible en: https://computerhoy.com. (Consulta: 15/06/23).

38   *Idem.*

Pero «eran microordenadores muy limitados que sólo tenían 1 Kb de memoria»[39]. Las siguientes generaciones de ordenadores tienen una mayor memoria y, por tanto, mayor capacidad para almacenar información, siendo clave «el año 1984. El ZX Spectrum y el Amstrad CPC encontraron distribuidor oficial en España, y comenzaron a venderse en grandes almacenes (…) en tiendas de electrodomésticos, y a anunciarse en la tele, a un precio»[40] al que podía acceder una parte de la población.

Encontramos que los ordenadores de finales de esta etapa «clásica» son el fruto de todas las tecnologías expuestas. Comenzamos con precedentes de los ordenadores que ya realizan tratamientos de datos, para culminar con la confluencia de las tecnologías analógicas de la información (teléfono, *mass media*, …) con esta nueva tecnología que son los ordenadores. No obstante, todavía es necesario el paso de la aparición de internet —y su uso generalizado—, para lograr el salto a una nueva manera de informar. No se percibe el peligro que supone la invasión masiva sobre la persona (sobre sus datos).

Con estos primeros ordenadores y sin conexión de la ciudadanía a internet, en España no tenemos normativa en materia de protección de datos. Quizás «se debió a una falta de conciencia de la entidad del problema que aquí subyace»[41] y que hemos venido exponiendo: el de entender la importancia de legislar ante los avances —y peligros— del tratamiento automatizado de datos. Para protegernos de la injerencia que supone, al menos, en la identidad de las personas.

Como señala Lucas Murillo de la Cueva «el progreso científico y tecnológico ha traído consigo unas posibilidades antes insospechadas de reunir, almacenar, relacionar y transmitir todo tipo de información»[42], lo que conlleva legislar para su protección una vez se toma conciencia de que «las técnicas de (…) la automatización y la telemática (…) per-

---

39 *Idem.*

40 *Idem.*

41 Lucas Murillo de la Cueva, P., «La construcción del derecho a la autodeterminación informativa», *Revista de Estudios Políticos,* n.º 104, Centro de Estudios Políticos y Constitucionales, Madrid, 1999, p. 37. Disponible en: https://www.cepc.gob.es/sites/default/files/2021-12/17224repne104037.pdf.   (Consulta: 14/03/24).

42 *Idem.*

miten obtener, centralizar, utilizar (…) y conservar por tiempo ilimitado todo tipo de datos de carácter personal»[43].

Es la toma de conciencia del peligro[44] del tratamiento automatizado de datos, que surge de la evolución de los ordenadores, junto con la creación de internet y una informática casera, lo que conduce a las primeras normas españolas sobre protección de datos.

Por tanto, hemos de referirnos a la creación de internet; en concreto, al nacimiento de su precedente ARPANET[45], «creada por la agencia del Pentágono ARPA»[46]. Efectivamente, se creó en 1969 «por el Departamento de Defensa de los Estados Unidos para establecer una conexión entre el Pentágono y las Universidades y grandes empresas que se dedicaban a la investigación militar de cualquier tipo»[47].

Internet se considera que surge en 1982 cuando se adoptó el protocolo TCP, que todavía se sigue usando en la actualidad. Así, ARPANET adopta un «nuevo protocolo, implantado en la red el 1 de enero de 1983, que (…) permitía a cualquier ordenador conectarse y comunicarse con otros, de modo que todos emplearan un lenguaje común

---

43 *Idem*.

44 *Vid*. Lucas Murillo de la Cueva, P., obra cit., p. 37, cuando afirma, refiriéndose a ese peligro del que no se tiene conciencia, que «(…) normalmente, sin que medie advertencia alguna (…) sin que nos percatemos de ello, bien los poderes públicos, bien los sujetos privados, tienen —o pueden tener sin excesivo esfuerzo— conocimiento de amplias parcelas de nuestras vidas y utilizan esa información que de nosotros disponen en su beneficio, pero también de una manera que puede causarnos notorios daños».

45 Nace en 1969. «En la noche del 29 de octubre, el estudiante de la Universidad de California en Los Ángeles (UCLA) Charley Kline, bajo la supervisión de Leonard Kleinrock, tecleó en un computador "login" para conectarse en remoto al Instituto de Investigación de Stanford (SRI). El sistema falló y solo se enviaron las dos primeras letras. Aquel "lo" fue el primer mensaje transmitido entre dos ordenadores a través de la red ARPANET». *Vid*. Yanes, J., «50 años de Internet: medio siglo de luces y sombras», *Blog Tecnología visionarios*, OpendMind BBVA, 2019. Disponible en: https://www.bbvaopenmind.com/tecnologia/visionarios/50-anos-de-internet-medio-siglo-de-luces-y-sombras/. (Consulta: 20/03/24).

46 Yanes, J., obra cit.

47 *Vid*. da Costa Carballo, C. M., «Los orígenes de la informática», *Revista General de Información y Documentación*, vol. 8, n.º 1, Universidad Complutense, Madrid, 1998, p. 43.

(TCP) y pudieran reconocerse entre ellos (IP)»[48]. Además, en el año 1986, se produce un gran avance al conectarse todas las universidades[49] de EEUU, dando acceso al alumnado[50]. Y en 1989 «la red se abre al público»[51]. No es, finalmente, hasta 1993 cuando se crea el primer navegador para un uso generalizado[52], pero era «poco más que un índice de páginas web»[53].

Sin embargo, hemos de destacar dos hitos, en materia de derecho a la información, que serán un punto de inflexión en la relación de nuestros dos derechos en juego, y que son los siguientes: en primer lugar, en 1998[54], cuando Google empieza a indexar la información; una auténtica revolución que afecta a nuestra privacidad. El segundo hito se produce en 2004, cuando comienza la auténtica revolución digital que marcará inexorablemente nuestros derechos examinados, con la creación de «una nueva internet más participativa, interactiva y social»[55].

---

48   YANES, J., obra cit.

49   *Vid.* DA COSTA CARBALLO, C. M., obra cit., p. 43, cuando añade que «Internet, como la mayoría de las redes informáticas, nace en la universidad y se puede considerar la génesis de las autopistas de la comunicación».

50   Parafraseado de DA COSTA CARBALLO, C. M., obra cit., p. 43.

51   YANES, J., obra cit.

52   Parafraseado de YANES, J., obra cit. *Vid.* cuando afirma que «Fue Berners-Lee quien creó también el primer navegador de internet y editor HTML, llamado World Wide Web/Nexus, al que siguieron otros intentos pioneros como Erwise, Cello o Viola WWW. Sin embargo, el primer navegador de uso popular por su facilidad de uso e instalación fue Mosaic, obra de Marc Andreesen, del National Center for Supercomputing Applications (NCSA). Posteriormente Andreesen desarrolló Netscape Navigator, que dejó a Mosaic obsoleto y extendió el uso de internet».

53   MARTÍNEZ, M., «Internet: así nació y así creció», *Blog Red*, Orange, 2019. Disponible en: https://blog.orange.es/red/historia-de-internet/. (Consulta: 20/03/24).

54   Parafraseado de MARTÍNEZ, M., obra cit. *Vid.* cuando afirma que «Para aquel entonces había más de 10 millones de ordenadores conectados».

55   YANES, J., obra cit. Y cuando afirma que «El término Web 2.0 fue acuñado en 1999 por la experta Darcy Di Nucci, pero fueron Tim O'Reilly y Dale Dougherty quienes comenzaron a popularizarlo en 2004 como una nueva internet más participativa, interactiva y social».

En esta etapa de finales del s. XX, en el contexto de grandes avances tecnológicos como los reseñados —ordenadores e internet, en su uso doméstico casi al final de la misma—, se promulgan en España nuestras primeras leyes orgánicas en materia de protección de datos; leyes que desarrollan el art. 18.4 CE y con las que comienzan los primeros problemas de conciliación con el derecho fundamental a la libertad de información.

En primer lugar, la Ley Orgánica 5/1992, de 29 de octubre, de regulación del tratamiento automatizado de los datos de carácter personal, cuya *«finalidad es hacer frente a los riesgos que para los derechos de la personalidad puede suponer el acopio y tratamiento de datos por medios informáticos»*[56], y cuyo objeto es *«limitar el uso de la informática y otras técnicas y medios de tratamiento automatizado de los datos de carácter personal para garantizar el honor, la intimidad personal y familiar de las personas físicas y el pleno ejercicio de sus derechos»*[57]. Y, en segundo lugar, la Ley Orgánica 15/1999, de 13 de diciembre, de Protección de Datos de Carácter Personal, que tiene por objeto *«garantizar y proteger (...) las libertades públicas y los derechos fundamentales de las personas físicas, y especialmente de su honor e intimidad personal y familiar»*[58].

Por tanto, se observa una diferencia sustancial entre la LORTAD en el año 1992 y la LOPD de 1999. En la primera parece identificarse la protección de datos exclusivamente con los clásicos derechos de la privacidad (honor, intimidad e imagen) frente al uso inadecuado de la informática. Por el contrario, la LOPD de 1999, más acorde con la visión normativa, doctrinal y jurisprudencial actual, identifica la protección de datos con cualquier derecho/libertad fundamental de las personas físicas y no sólo con los derechos del art. 18.1 CE. Compartimos, como no podría ser de otro modo, esta segunda visión del art. 18.4 CE, toda vez que la misma se desprende de una simple lectura o interpretación literal del citado precepto y, además, es acorde con la realidad social actual. Los avances tecnológicos y sociales han demostrado que debemos proteger nuestros datos frente a un uso

---

56   LORTAD, exposición de motivos.

57   *Ibidem*, art. 1.

58   LOPD, art. 1.

inadecuado de los mismos. Y protegerlos no sólo si con ellos se da una información que afecta a la intimidad o, en general, a los clásicos derechos de la privacidad.

Son los avances tecnológicos examinados y las leyes de protección de datos que van surgiendo, como consecuencia del contexto tecnológico, lo que conduce a que al final de esta etapa, año 2000[59], se «cree» el derecho a la protección de datos. Y ello, aunque no tendrá la amplitud que se le concede en la actualidad, una etapa de auténtica revolución tecnológica.

1.1.3. Creación jurisprudencial del derecho a la protección de datos

No hay duda que la revolución digital —tratamiento de datos, uso generalizado de ordenadores personales, internet, medios de comunicación de masas…—, está en el punto de partida del nacimiento de este derecho, que es de creación jurisprudencial. Pero siempre por detrás de la evolución de la sociedad e, incluso, de la propia idea que nuestros primeros constituyentes ya le otorgaron a la redacción del art. 18.4, luego denominado por el TC derecho a la protección de datos, y en la que tuvieron una gran visión de futuro.

En este contexto tecnológico, resulta imparable la evolución jurisprudencial en el camino hacia el nacimiento del derecho fundamental a la protección de datos y a la determinación de su contenido, que podemos situar en la STC, Pleno, 290/2000, de 30 de noviembre[60]. Contenido que consolidará y ampliará en posterior sentencia de la misma fecha, 292/2000, afirmando que *«garantiza a la persona un poder de control y disposición sobre sus datos personales. Pues confiere a su titular un haz de facultades que son elementos esenciales del derecho fundamental a la protección de los datos personales»*[61]. El TC señala, pues, que este derecho fundamental comprende, a su

---

59   Con las SSTC, Pleno, 290/2000, de 30 de noviembre y 292/2000, de 30 de noviembre.

60   STC, Pleno, 290/2000, de 30 de noviembre.

61   STC, Pleno, 290/2000, de 30 de noviembre, FJ 7.

vez, «*un conjunto de derechos que el ciudadano puede ejercer frente a quienes sean titulares, públicos o privados, de ficheros de datos personales (...)*»[62].

Ese conjunto de derechos[63] a los que se refiere el TC, y que conforman el contenido de este derecho fundamental que le «*garantiza a la persona un poder de control y disposición sobre sus datos personales*»[64], son los siguientes:

a) Derecho «*a consentir la recogida y el uso de sus datos personales y a conocer los mismos*»[65]. Por tanto, un elemento esencial es el consentimiento. El mismo es parte esencial de este «nuevo» derecho fundamental.

b) Derecho «*a ser informado de quién posee sus datos personales y con qué finalidad*»[66]. Lógicamente, tenemos que ser informados de que existen ficheros con nuestros datos, en caso contrario no podríamos prestar nuestro consentimiento a su tratamiento.

c) Derecho «*a oponerse a esa posesión y uso exigiendo a quien corresponda que ponga fin a la posesión y empleo de tales datos*»[67]. Derecho importantísimo, antesala del derecho al olvido. Aunque haya habido consentimiento —mucho más si no lo ha habido—, podemos exigir que se dejen de poseer y utilizar nuestros datos.

---

62 *Idem. Vid.* FJ 7, respecto al contenido del derecho fundamental a la protección de datos: «un conjunto de derechos que el ciudadano puede ejercer frente a quienes sean titulares, públicos o privados, de ficheros de datos personales, partiendo del conocimiento de tales ficheros y de su contenido, uso y destino, por el registro de los mismos. De suerte que es sobre dichos ficheros donde han de proyectarse, en última instancia, las medidas destinadas a la salvaguardia del derecho fundamental aquí considerado por parte de las Administraciones Públicas competentes».

63 STC, Pleno, 290/2000, de 30 de noviembre, FJ 7.

64 *Idem.*

65 *Idem.*

66 *Idem.*

67 *Idem.*

En definitiva, el derecho a la protección de datos es la suma de todos estos derechos o facultades que *«el ciudadano puede ejercer frente a quienes sean titulares, públicos o privados, de ficheros de datos personales»*[68].

No obstante, aunque el TC está creando un nuevo derecho fundamental y fijando su contenido, ofreciéndonos un material muy importante sobre el mismo, lo cierto es que en este momento todavía se encuentra sin desarrollar suficientemente. Así, nos surgen dudas sobre su propio contenido; sobre cómo nos protege en su intento de conciliación con el ejercicio de la libertad de información. Así afirma el TC, refiriéndose al art. 18.4 CE, que *«(...) es procedente recordar que este precepto (...) contiene un instituto de garantía de los derechos a la intimidad y al honor y del pleno disfrute de los restantes derechos de los ciudadanos»*[69]. Por tanto, no queda claro si estamos ante un «nuevo» derecho fundamental o sólo ante un límite (el TC habla de garantía) de otros derechos ante un uso inadecuado de la informática. Además, en este momento, se refiere expresamente a que estaríamos ante un límite en el ejercicio de cualquier derecho; afirmación que no es baladí, toda vez que es lo que afirma la literalidad del precepto y así fue introducido por nuestros constituyentes.

Posteriormente, en la misma sentencia, el TC afirma que estamos ante *«un derecho fundamental»*[70], y que este derecho fundamental es *«el derecho a la libertad frente a las potenciales agresiones a la dignidad y a la libertad de la persona provenientes de un uso ilegítimo del tratamiento automatizado de datos, lo que la Constitución llama "la informática"»*[71]. Es decir, que nos protege frente al uso ilegítimo de la informática cuando ésta ataca nuestra dignidad y libertad.

Por tanto, seguimos sin saber si es un derecho fundamental, del que habla expresamente, o si es un límite o garantía para otros derechos. Además, desconocemos también a qué derechos se está refiriendo: si alude a todos, como literalmente afirma el art. 18.4 CE, o especial-

---

68 *Idem.*

69 STC, Pleno, 290/2000, de 30 de noviembre, FJ 7.

70 *Idem.*

71 *Idem.*

mente al honor/intimidad; o si sólo entra en juego cuando se ataque nuestra libertad y dignidad frente al uso inadecuado de la informática.

El TC, en la posterior sentencia de la misma fecha[72], ya confirma la existencia de un «nuevo derecho» fundamental y, respecto a su contenido, señala que *«es más amplio que el del derecho a la intimidad, ya que (...) extiende su garantía no sólo a la intimidad (...) art. 18.1 CE, sino a (...) los bienes de la personalidad que pertenecen al ámbito de la vida privada (...) como el derecho al honor (...) e igualmente (...) al pleno ejercicio de los derechos de la persona»*[73].

El TC afirma en esta sentencia, como posteriormente irá reiterando en otras, que estamos ante un derecho fundamental y que no sólo se protege frente a los clásicos derechos de la privacidad, sino frente a cualquier derecho de la persona. Por tanto, es evidente la amplitud del contenido, aunque restringido a *«los datos de carácter personal»*[74], sean o no *«relativos a la vida privada o íntima de la persona»*[75] y a una referencia genérica a cualquier otro derecho, sin especificar.

En esta etapa «clásica», el contenido del derecho fundamental a la protección de datos *«consiste en un poder de disposición y de control sobre los datos personales que faculta a la persona para decidir cuá-*

---

72   En estas fechas, ya la CDFUE, de 7 de diciembre de 2000, en su art. 8 regulaba el derecho a la protección de datos en la UE, derecho reconocido con anterioridad en otros textos internacionales. No obstante, no adquiere carácter vinculante hasta la entrada en vigor del Tratado de Lisboa, el 1 de diciembre de 2009.

73   STC, Pleno, 292/2000, de 30 de noviembre, FJ 6: «...*el derecho fundamental a la protección de datos extiende su garantía no sólo a la intimidad en su dimensión constitucionalmente protegida por el art. 18.1 CE, sino a lo que en ocasiones este Tribunal ha definido en términos más amplios como esfera de los bienes de la personalidad que pertenecen al ámbito de la vida privada, inextricablemente unidos al respeto de la dignidad personal (STC 170/1987, de 30 de octubre, FJ 4), como el derecho al honor, citado expresamente en el art. 18.4 CE, e igualmente, en expresión bien amplia del propio art. 18.4 CE, al pleno ejercicio de los derechos de la persona. El derecho fundamental a la protección de datos amplía la garantía constitucional a aquellos de esos datos que sean relevantes para o tengan incidencia en el ejercicio de cualesquiera derechos de la persona, sean o no derechos constitucionales y sean o no relativos al honor, la ideología, la intimidad personal y familiar a cualquier otro bien constitucionalmente amparado».*

74   STC, Pleno, 292/2000, de 30 de noviembre, FJ 6.

75   *Idem.*

les de esos datos proporcionar a un tercero (...) o cuáles puede este tercero recabar (...)»[76]. Le otorga al titular un conjunto de facultades que implican deberes para terceros y que, en definitiva, le dan control sobre sus datos personales[77]. Son elementos indispensables del contenido de este derecho, de creación jurisprudencial, los derechos mencionados *ut supra* al consentimiento, información y oposición al uso y tratamiento de sus datos[78].

Nos parece un concepto amplio, pero todavía insuficiente, toda vez que el TC no aclara qué entiende por dato personal. ¿Podemos ampliar dicho concepto?, ¿qué ocurre cuando no hablamos de datos personales?, ¿o cuando el acceso a los datos sea el correcto según la legislación, no se lesionen ni los clásicos derechos de la privacidad, pero consideremos lesionada nuestra identidad?, ¿no estamos también ante una lesión del derecho a la protección de datos cuándo los datos, que por sí solos e incluso enlazados por quien ejerce la libertad de información en un medio digital, no lesionan ningún derecho de la persona pero sí reflejan una idea de mí mismo que no responde a mi realidad, o a la que otros tienen de mí, o a la que yo quiero ofrecer a los demás? ¿cómo influye la excepción periodística en el control de

---

76 STC, Pleno, 292/2000, de 30 de noviembre, FJ 7: «Estos poderes de disposición y control sobre los datos personales, que constituyen parte del contenido del derecho fundamental a la protección de datos se concretan jurídicamente en la facultad de consentir la recogida, la obtención y el acceso a los datos personales, su posterior almacenamiento y tratamiento, así como su uso o usos posibles, por un tercero, sea el Estado o un particular. Y ese derecho a consentir el conocimiento y el tratamiento, informático o no, de los datos personales, requiere como complementos indispensables, por un lado, la facultad de saber en todo momento quién dispone de esos datos personales y a qué uso los está sometiendo, y, por otro lado, el poder oponerse a esa posesión y usos».

77 Parafraseado de la STC cit. FJ 6, que literalmente afirma que «*el derecho a la protección de datos atribuye a su titular un haz de facultades consistente en diversos poderes jurídicos cuyo ejercicio impone a terceros deberes jurídicos, que no se contienen en el derecho fundamental a la intimidad, y que sirven a la capital función que desempeña este derecho fundamental: garantizar a la persona un poder de control sobre sus datos personales, lo que sólo es posible y efectivo imponiendo a terceros los mencionados deberes de hacer. A saber: el derecho a que se requiera el previo consentimiento para la recogida y uso de los datos personales, el derecho a saber y ser informado sobre el destino y uso de esos datos y el derecho a acceder, rectificar y cancelar dichos datos. En definitiva, el poder de disposición sobre los datos personales*».

78 *Idem*.

los datos? Son muchas las preguntas que nos surgen ante un contenido de la protección de datos, cuanto menos, inacabado y pendiente aún de reflexiones intensas en el año 2000.

No podemos negar el salto cualitativo que supone la creación jurisprudencial del derecho fundamental a la protección de datos[79], aunque sea recién entrados en el s. XXI, pero se nos antoja todavía muy alejado de la protección que creemos debiera otorgar el art. 18.4 CE. Será necesario avanzar y observar la evolución del TC, así como el desarrollo normativo en la etapa de una sociedad digital, donde «lo digital» lo invade todo.

En este contexto de nacimiento de un derecho fundamental, que nuestros constituyentes tímidamente intuyeron al referirse a la informática en el art. 18.4 CE, es necesario conocer el significado de dato personal para poder realizar una adecuada valoración del contenido que del mismo realiza nuestro TC para poder conciliarlo con otros derechos, con la libertad de información. En la reseñada STC, Pleno, 292/2000, de 30 de noviembre, se realiza una reflexión[80] sobre el con-

---

79   No obstante, el TEDH ya tenía amplia jurisprudencia en la materia. En este sentido, *vid.* ÁLVAREZ CONDE, E. Y TUR AUSINA, R., *Manual de Derecho Constitucional*, Tecnos, Madrid, 2023, p. 393: «Por su parte, el TEDH ha venido elaborando una amplia jurisprudencia sobre el tratamiento automatizado de datos de carácter personal. Como punto de partida, la STEDH R. c. Rumanía, de 4 de mayo de 2000, señaló que la limitación del tratamiento de datos tiene dos vertientes, una negativa, que se impone a los poderes públicos en la recogida de datos, y otra positiva, que permite a las personas interesadas acceder a esos datos y oponerse a su uso abusivo».

80   *Vid.* STC, Pleno, 292/2000, de 30 de noviembre, FJ 8, donde realiza una reflexión sobre el contenido de este derecho atendiendo al mandato de la CE. Y así afirma que «*Estas conclusiones sobre el significado y el contenido el derecho a la protección de datos personales se corrobora, atendiendo al mandato del art. 10.2 CE, por lo dispuesto en los instrumentos internacionales que se refieren a dicho derecho fundamental. Como es el caso de la Resolución 45/95 de la Asamblea General de las Naciones Unidas donde se recoge la versión revisada de los Principios Rectores aplicables a los Ficheros Computadorizados de Datos Personales. En el ámbito europeo, del Convenio para la Protección de las Personas respecto al Tratamiento Automatizado de Datos de Carácter Personal hecho en Estrasburgo el 28 de enero de 1981, del que hemos dicho en la STC 254/1993, FJ 4, que no se limita "a establecer los principios básicos para la protección de los datos tratados automáticamente, especialmente en sus arts. 5, 6, 7 y 11", sino que los completa "con unas garantías para las personas concernidas, que formula detalladamente su art. 8", al que han seguido diversas recomendaciones de la Asamblea del Consejo de Europa. Por último, otro tanto*

tenido de este derecho que no debemos dejar pasar y que nos remite a normativa nacional y supranacional a tener en cuenta para fijar el concepto de dato personal. El TC alude a la necesidad de establecer un marco jurídico, que viene marcado por la normativa internacional que regula el ejercicio de este derecho en todos los aspectos que él incluye en la referida sentencia 292/2000, como parte de su contenido. Así, alude a los siguientes textos internacionales:

a) Convenio para la protección de las personas con respecto al tratamiento automatizado de datos de carácter personal de 1981[81] en cuyo art. 2 a) afirma que «*"Datos de carácter personal" significa cualquier información relativa a una persona física identificada o identificable ("persona concernida")*»[82]. Por tanto, se va perfilando más este derecho cuando observamos que sólo incluye a las personas físicas y respecto a la información que permita su identificación. Se excluyen los datos/información sobre personas jurídicas y sobre personas físicas si esa información no nos conduce a la persona de la que se está informando.

b) Por su parte, la Directiva 95/46/CE del Parlamento Europeo y del Consejo, de 24 de octubre de 1995, relativa a la protección de las personas físicas en lo que respecta al tratamiento de datos per-

---

ocurre en el ámbito comunitario, con la Directiva 95/46, sobre Protección de las Personas Físicas en lo que respecta al Tratamiento de Datos Personales y la Libre Circulación de estos datos, así como con la Carta de Derechos Fundamentales de la Unión Europea del presente año, cuyo art. 8 reconoce este derecho, precisa su contenido y establece la necesidad de una autoridad que vele por su respeto. Pues todos estos textos internacionales coinciden en el establecimiento de un régimen jurídico para la protección de datos personales en el que se regula el ejercicio de este derecho fundamental en cuanto a la recogida de tales datos, la información de los interesados sobre su origen y destino, la facultad de rectificación y cancelación, así como el consentimiento respecto para su uso o cesión. Esto es, como antes se ha visto, un haz de garantías cuyo contenido hace posible el respeto de este derecho fundamental».

81 Convenio suscrito por España en 1984. Disponible en: https://www.boe.es/buscar/doc.php?id=BOE-A-1985-23447. (Consulta: 9/04/24).

82 *Vid.* art. 2 a) del Convenio para la protección de las personas con respecto al tratamiento automatizado de datos de carácter personal, hecho en Estrasburgo el 28 de enero de 1981.

sonales y la libre circulación de estos datos[83], nos ofrece la definición en su art. 2 cuando señala que «*A efectos de la presente Directiva se entenderá por: (a) "datos personales" toda información sobre una persona física identificada o identificable (el "interesado"); se considerará identificable toda persona cuya identidad pueda determinarse, directa o indirectamente, en particular mediante un número de identificación o uno o varios elementos específicos, característicos de su identidad física, fisiológica, psíquica, económica, cultural o social*»[84].

Con esta definición se perfila, aún más, el concepto de datos personales a efectos de nuestro derecho fundamental examinado, al concretar que los datos/información permitan identificar, aun indirectamente, a la persona física ya se trate de un dato que se refiera a su fisiología o de otro tipo (económico, cultural, social...).

c) Y nuestra LOPD 15/1999, de 13 de diciembre, de Protección de Datos de Carácter personal nos ofrece (tanto en la redacción primitiva como en la actual) la definición de dato personal en su art. 3 a) al afirmar lo siguiente: «*Datos de carácter personal: cualquier información concerniente a personas físicas identificadas o identificables*». Este texto es el más sencillo de todos y no nos ofrece las concreciones de la Directiva 95/46/CE; no obstante, esto no significa una desventaja toda vez que engloba cualquier información que permita identificar a la persona física.

Es una evidencia que los textos utilizan la misma definición de dato personal —con mayor o menor amplitud—, pues se refieren a cualquier información relativa a una persona. Al mismo tiempo, observamos que, a lo largo de esta etapa, a la que hemos llamado «analógica» o clásica, se producen una serie de acontecimientos que tienen que ver con la informática y los medios de comunicación de masas, que obligan a que se dicte normativa internacional y nacional en materia de protección de datos y que hace que nuestro TC «cree» un derecho *ad hoc* para su protección.

---

83 Disposición derogada. Finalizó su vigencia el 24/05/18. Disponible en: https://eur-lex.europa.eu/eli/dir/1995/46/oj. (Consulta: 7/07/23).

84 *Vid.* art. 2 a) de la Directiva 95/46/CE del Parlamento Europeo y del Consejo, de 24 de octubre de 1995.

1.2. El derecho fundamental a la libertad de información

1.2.1. Antecedentes normativos y expansión asociada a la tecnología

Como antecedentes de este derecho, inmediatamente anteriores a nuestra regulación constitucional, hemos de tener presente, en el ámbito internacional, el art. 19 de la Declaración Universal de los Derechos Humanos de 1948[85], que reconoce el *«derecho a la libertad de opinión y de expresión: este derecho incluye el de no ser molestado a causa de sus opiniones, el de investigar y recibir informaciones y opiniones y el de difundirlas, sin limitación de fronteras, por cualquier medio de expresión»*[86]. Derecho que se recoge también en el Pacto Internacional de Derechos Civiles y Políticos de 1966[87], en el art. 19.2[88].

En el ámbito europeo, el llamado Convenio Europeo de Derechos Humanos de 1950 lo regula en su art. 10, titulado la libertad de expresión, cuando afirma que *«1. Toda persona tiene derecho a la libertad de*

85　Documento adoptado por la Asamblea General de Naciones Unidas.

86　DUDH, art. 19. Disponible en: https://www.un.org/es/about-us/universal-declaration-of-human-rights.(Consulta: 14/03/24).

87　Suscrito por España el 28 de septiembre de 1976.

88　*«Toda persona tiene derecho a la libertad de expresión; este derecho comprende la libertad de buscar, recibir y difundir informaciones e ideas de toda índole, sin consideración de fronteras, ya sea oralmente, por escrito o en forma impresa o artística, o por cualquier otro procedimiento de su elección».* Disponible en: https://www.boe.es/buscar/doc.php?id=BOE-A-1977-10733. (Consulta: 14/03/24).
Vid. art. 19, íntegro: *«1. Nadie podrá ser molestado a causa de sus opiniones. 2. Toda persona tiene derecho a la libertad de expresión; este derecho comprende la libertad de buscar, recibir y difundir informaciones e ideas de toda índole, sin consideración de fronteras, ya sea oralmente, por escrito o en forma impresa o artística, o por cualquier otro procedimiento de su elección. 3. El ejercicio del derecho previsto en el párrafo 2 de este artículo entraña deberes y responsabilidades especiales. Por consiguiente, puede estar sujeto a ciertas restricciones que deberán, sin embargo, estar expresamente fijadas por la ley y ser necesaria para: a) Asegurar el respeto a los derechos o a la reputación de los demás; b) La protección de la seguridad nacional, el orden público o la salud o la moral públicas».*

expresión. Este derecho comprende la libertad de opinión y la libertad de recibir o de comunicar informaciones o ideas sin que pueda haber injerencia de autoridades públicas y sin consideración de fronteras (...)»[89].

En este contexto —y no tanto por influencia de la tecnología como ocurre con la protección de datos—, nuestros constituyentes introdujeron la libertad de información como derecho fundamental en el art. 20.1 b), donde se reconoce y protege el derecho *«A comunicar o recibir libremente información veraz por cualquier medio de difusión. La ley regulará el derecho a la cláusula de conciencia y al secreto profesional en el ejercicio de estas libertades»*. Y, respecto al mismo, únicamente introdujeron enmiendas, en los debates constituyentes, relativas al término *veraz*[90]*,* que no prosperaron.

No obstante, este término no se concreta en la CE y cuanto menos resulta ambiguo. No es posible conciliar la libertad de información con la protección de datos sin entender qué significa veraz/verdad. Es un término que evoluciona con la sociedad y que es importante fijar o cuanto menos proceder a su oportuna actualización, máxime en

---

89 *«1. Toda persona tiene derecho a la libertad de expresión. Este derecho comprende la libertad de opinión y la libertad de recibir o de comunicar informaciones o ideas sin que pueda haber injerencia de autoridades públicas y sin consideración de fronteras... El presente artículo no impide que los Estados sometan a las empresas de radiodifusión, de cinematografía o de televisión a un régimen de autorización previa. 2. El ejercicio de estas libertades, que entrañan deberes y responsabilidades, podrá ser sometido a ciertas formalidades, condiciones, restricciones o sanciones, previstas por la ley, que constituyan medidas necesarias, en una sociedad democrática, para la seguridad nacional, la integridad territorial o la seguridad pública, la defensa del orden y la prevención del delito, la protección de la salud o de la moral, la protección de la reputación o de los derechos ajenos, para impedir la divulgación de informaciones confidenciales o para garantizar la autoridad y la imparcialidad del poder judicial».* Disponible en: https://www.echr.coe.int/documents/convention_spa.pdf. (Consulta 14/03/24).

90 *Vid.* ORTS RODRÍGUEZ, A., obra cit, p. 89, cuando dice: *«Sólo se discute sobre el término veraz —brevemente— en los debates a una enmienda introducida por el senador Zarazaga Burillo, del grupo parlamentario mixto, que pretende la supresión del citado término para evitar que se limite el derecho a la libertad de información "sin que ello quiera suponer que la Constitución deba tutelar información no fidedigna. Con la aceptación de esta enmienda únicamente se trata de apoyar que esa información se presuma veraz, sin perjuicio de lo que la ley señale para el supuesto de que no lo fuera"».*

esta etapa de revolución tecnológica en la que estamos, ante medios de comunicación masiva y con un acceso de los periodistas (y de la ciudadanía que empieza a ejercer también el llamado periodismo ciudadano) a gran cantidad de datos que sólo comienzan a estar «controlados» con nuestras primeras leyes LORTAD y LOPD, a finales del s. XX. Es, pues, importante determinar si el concepto veraz cambia o no con la tecnología, o si siempre es el mismo y se interpreta de la misma forma sea cual sea el medio por el que se informe.

1.2.2. Necesidad de diferenciarlo de la libertad de expresión

En el camino hacia la conciliación entre los dos derechos fundamentales tratados, es necesario diferenciar la libertad de expresión de la libertad de información, toda vez que, sin establecer claramente cuál es el contenido de la libertad de información, no es posible intentar su armonía/avenencia con la protección de datos.

La regulación de la libertad de expresión y de información en el mismo precepto, art. 20 CE, ha suscitado gran debate doctrinal. Así, «pensemos en posturas doctrinales que consideraban innecesaria la constitucionalización del derecho a la información por entenderlo incluido en la libertad de expresión, o en aquellas otras que distinguían entre derechos sustanciales y derechos instrumentales, sin olvidar las que hablaban de la existencia de auténticos derechos naturales»[91].

Sobre este extremo son cruciales tres sentencias reiteradamente destacadas por la doctrina[92]. Así, la STC, Sala 2.ª, 6/1981, de 16 de marzo, al poco de promulgarse la CE, en la que se afirma que la libertad de expresión y la libertad de información comprenden varios derechos, pero también son el mismo derecho. Se señala, al respecto, que *«Otro tanto cabe afirmar respecto del derecho a comunicar y recibir información veraz (art. 20.1 d), fórmula que, como es obvio, incluye dos derechos distintos, pero íntimamente conectados. El derecho a comu-*

---

91 ÁLVAREZ CONDE, E. Y TUR AUSINA, R., obra cit., pp. 423-424.

92 Entre otros, REBOLLO VARGAS, R., *Aproximación a la jurisprudencia constitucional: libertad de expresión e información y sus límites penales*, PPU, Barcelona, 1992, pp. 27-28.

nicar (...) simple aplicación concreta de la libertad de expresión y (...) el derecho a recibir es en rigor una redundancia»[93].

Por otro lado, en la STC, Sala 2.ª, 105/1983, de 23 de noviembre, ya se reconoce la existencia de dos diferentes derechos fundamentales al afirmar que «El apartado d) del número 1 del artículo 20 de la Constitución consagra el derecho "a comunicar o recibir libremente información veraz por cualquier medio de difusión" estableciendo un tipo de derecho fundamental diverso del que consiste en expresar y difundir pensamientos, ideas y opiniones, en aras del interés colectivo en el conocimiento de hechos, que puedan encerrar trascendencia pública y que sean necesarios para que sea real la participación de los ciudadanos en la vida colectiva»[94]. Por otro lado, el tribunal insiste en que la libertad de información incluye a su vez dos derechos[95] cuando señala que «Se trata, como el artículo 20 dice, de un derecho doble que se concreta en comunicar la información y recibirla de manera libre en la medida en que la información sea veraz»[96].

El TC ya comienza a perfilar el contenido de este derecho fundamental a la libertad de información afirmando que consiste en «el conjunto de hechos que puedan considerarse como noticiables o noticiosos en los términos puntualizados anteriormente y de él es sujeto primero la colectividad y cada uno de sus miembros»[97], y que «se concreta y satis-

---

93 STC, Sala 2.ª, 6/1981, de 16 de marzo, FJ 4: «Otro tanto cabe afirmar respecto del derecho a comunicar y recibir información veraz (art. 20.1 d), fórmula que, como es obvio, incluye dos derechos distintos, pero íntimamente conectados. El derecho a comunicar que, en cierto sentido, puede considerarse como una simple aplicación concreta de la libertad de expresión y cuya explicitación diferenciada sólo se encuentra en textos constitucionales recientes, es derecho del que gozan también; sin duda, todos los ciudadanos, aunque en la práctica sirva, sobre todo, de salvaguardia a quienes hacen de la búsqueda y difusión de la información su profesión específica; el derecho a recibir es en rigor una redundancia (no hay comunicación cuando el mensaje no tiene receptor posible), cuya inclusión en el texto constitucional se justifica, sin embargo, por el propósito de ampliar al máximo el conjunto de los legitimados para impugnar cualquier perturbación de la libre comunicación social».

94 STC, Sala 2.ª, 105/1983, de 23 de noviembre, FJ 11.

95 Ya lo había señalado en la STC, Sala 2.ª, 6/1981, de 16 de marzo, FJ 4.

96 STC, Sala 2.ª, 105/1983, de 23 de noviembre, FJ 11.

97 Idem.

face en un comportamiento de su titular consistente en la realización de aquellos actos en que el propio derecho consiste, y que la lesión directa se produce en todos aquellos casos en que tal comportamiento —los actos de comunicación y de difusión— se ven impedidos por vía de hecho o por una orden o consignación, que suponga un impedimento para que la información sea realizada»[98].

A su vez, la STC, Sala 2.ª, 76/1995, de 22 de mayo, que surge cuando estamos entrando en el final de esta etapa tecnológica *clásica*, insiste en que ha venido considerando la libertad de expresión y de información como dos derechos diferentes y trata así de perfilar el contenido. No obstante, destaca su dificultad por *la íntima conexión entre ellos*[99], suponiendo un obstáculo el no tener un tratamiento jurídico claramente diferenciado que impida *«confundirlas indiscriminadamente»*[100].

El Alto Tribunal fija el contenido de ambos derechos en la sentencia reseñada. Respecto a la libertad de expresión señala que *«tiene por objeto pensamientos, ideas y opiniones, concepto amplio en el cual deben incluirse también los juicios de valor»*[101]. Y en cuanto a la libertad de información afirma que *«El derecho a comunicar y recibir libremente información versa en cambio sobre hechos noticiables y aun cuando no sea fácil separar en la vida real aquélla y éste, pues la expresión de ideas necesita a menudo apoyarse en la narración de hechos y, a la inversa, ésta incluye no pocas veces elementos valorativos, lo esencial a la hora de ponderar el peso relativo del derecho al honor y cualquiera de estas dos libertades contenidas en el art. 20 de la Constitución es detectar el elemento preponderante en el texto concreto que se enjuicie en cada caso para situarlo en un contexto ideológico o informativo»*[102].

El TC deja claras las diferencias entre ambos derechos y, con ello, avanzamos hacia el intento de conciliar la libertad de información y la protección de datos.

---

98   *Idem*.

99   Parafraseado de STC, Sala 2.ª, 76/1995, de 22 de mayo, FJ 2.

100 STC, Sala 2.ª, 76/1995, de 22 de mayo, FJ 2.

101 *Idem*.

102 *Idem*.

1.2.3. Verdades tecnológicas

Un término imprescindible en la conciliación, es el término veraz. Uno de los límites del derecho fundamental a la libertad de información es, precisamente, que la información sea *veraz*[103], toda vez que así está regulado en nuestra CE.

Ello nos lleva a plantearnos, en primer término, qué es la verdad[104]; concepto sobre el que existen multitud de posiciones doctrinales, señalando Ortega y Gasset, respecto a «la verdad o falsedad de una idea», que «una idea es verdadera cuando corresponde a la idea que tenemos de la realidad»[105]. Reflexión que nos aleja de nuestra posición de control/autocontrol de la información para que la misma nos ofrezca una visión de la realidad alejada, no sólo de la idea que tenemos nosotros de ella, en este caso de nuestra identidad, sino también de la que los demás tienen de nosotros o de la que queremos ofrecer a los demás.

Del Hierro resume, refiriéndose a la verdad en la información, las distintas posiciones doctrinales afirmando que «unos sostienen que si existe algo sobre lo que pueda decirse que es verdadero o falso son los hechos, precisamente el objeto de la información; otros, por su parte, niegan que los hechos puedan situarse en un contexto significativo (...). Y como ocurrió en el plano filosófico general, aquí, en el plano concreto de la información, también la balanza se decantó hacia el subjetivismo»[106]. Destaca este autor que existe una posición intermedia, como la de «Kovach y Rosenstiel en su libro Los elementos del periodismo»[107], que sostiene que «la verdad periodística, es

---

103 *Vid.* art. 20. 1 d) CE.

104 Significa según la RAE, en su primera acepción: «*Conformidad de las cosas con el concepto que de ellas forma la mente*», y en su segunda acepción «*Conformidad de lo que se dice con lo que se siente o se piensa*». Disponible en: https://dle.rae.es/verdad?m=form. (Consulta: 14/03/24).

105 JACORZYNSKI, W., «El mundo perspectivista de José Ortega y Gasset», *Kultura i Wartosci,* Instituto de Estudios Alemanes y Lingüística Aplicada, Alemania, 2020, p. 226.

106 DEL HIERRO, J. L., «Verdad y veracidad informativas: el ejemplo español», *Eunomía. Revista en Cultura de la Legalidad*, n.º 7, UC3M, Madrid, septiembre 2014-febrero 2015, p. 47. Disponible en: https://e-revistas.uc3m.es/index.php/EUNOM/article/view/2231/1166.(Consulta: 2/07/24).

107 *Idem.*

una forma práctica o funcional de la verdad. No la verdad en un sentido absoluto o filosófico (...)»[108]. Son estas posiciones intermedias las que van conduciendo hacia los términos de veraz/veracidad en el plano jurídico.

Lo que nos interesa es conocer lo que significa el término *veraz*[109] que utiliza nuestra Constitución, distinto del de verdad/verdadero, en el marco de la información. La doctrina mayoritaria considera que la veracidad no puede entenderse como requisito objetivo del derecho fundamental a la libertad de información[110], porque resultaría prácticamente imposible su ejercicio[111]. Y es así como lo considera también nuestra jurisprudencia constitucional, como necesidad de veracidad[112] subjetiva.

La STC, Sala 1.ª, 6/1988, de 21 de enero, unos años después de la promulgación de la CE, nos dice qué debe entenderse por información veraz —concepto que irá perfilando en posteriores sentencias, conforme nos adentremos en la etapa de revolución digital—, afirmando que *«Cuando la Constitución requiere que la información sea "veraz" no está tanto privando de protección a las informaciones que puedan resultar erróneas —o sencillamente no probadas en juicio— cuanto estableciendo un específico deber de diligencia sobre el informador, a quien se le puede y debe exigir que lo que transmita como "hechos" haya sido objeto de previo contraste con datos objetivos, privándose, así, de la garantía constitucional a quien, defraudando el derecho de todos a la información, actúe con menosprecio de la veracidad o falsedad de lo comunicado (…)»*[113].

---

108 *Idem.*

109 Significado según la RAE «*Que dice, usa o profesa siempre la verdad*». Disponible en: https://dle.rae.es/veraz?m=form. (Consulta: 14/03/24).

110 Entre otros, *vid.* REBOLLO VARGAS, R., obra cit., p. 261.

111 *Vid.* STC, Sala 1.ª, 6/1988, de 21 de enero, FJ 5: «*En definitiva, las afirmaciones erróneas son inevitables en un debate libre, de tal forma que, de imponerse "la verdad" como condición para el reconocimiento del derecho, la* única *garantía de la seguridad jurídica sería el silencio*».

112 Significado según la RAE: «*Cualidad de veraz*». Disponible en: https://dle.rae.es/veracidad?m=form. (Consulta: 14/03/24).

113 STC, Sala 1.ª, 6/1988, de 21 de enero, FJ 5.

Y la STC, Sala 1.ª, 21/2000, de 31 de enero, en el final de la etapa clásica, fija también qué debe entenderse por información veraz, insistiendo en el deber de diligencia del informador, al afirmar que *«no está tanto privando de protección a las informaciones que puedan resultar erróneas como estableciendo un deber de diligencia sobre el informador a quien se le puede y debe exigir que lo que transmite como "hechos" haya sido objeto de previo contraste con datos objetivos (...). De este modo, el requisito de la veracidad deberá entenderse cumplido en aquellos casos en los que el informador haya realizado con carácter previo a la difusión de la noticia una labor de averiguación de los hechos sobre los que versa la información y la referida indagación la haya efectuado con la diligencia que es exigible a un profesional de la información»*[114]. Y en el FJ 6 se reitera el TC cuando afirma su idea de veracidad, límite externo, al señalar que *«Este Tribunal ha sostenido de forma reiterada que el requisito constitucional de la veracidad de la información no va dirigido a la exigencia de una rigurosa y total exactitud en el contenido de la información»*[115].

Por tanto, el criterio que fija el TC, y que mantendrá a lo largo del tiempo, es no considerar necesario, para la protección de la libertad de información, que ésta sea verdadera. Basta con que el informador haya realizado una diligente labor de investigación; es decir, que lo importante es el *«"método"* que emplea el (...) periodista»[116]. Algo que nos resulta de todo punto interesante, planteándose el problema de cuál debe ser ese método o qué debemos entender por diligencia. Y, sobre todo, nos suscita muchas preguntas en torno a la ciudadanía que ejerce la libertad de información. ¿son conscientes de esta necesidad de diligencia?, ¿piensan en ello?, ¿realmente contrastan, al menos, la información?

El propio tribunal considera que su concreción *«no es una cuestión fácil»*[117]. De hecho, no termina de perfilarlo, limitándose a señalar cuándo el informador ha cumplido con el requisito de la veracidad. Para ello, afirma, que se deben tener en cuenta *«diversos criterios: en primer lugar (...) el nivel de diligencia exigible "adquirirá su máxima*

---

114 STC, Sala 1.ª, 21/2000, de 31 de enero, FJ 5.

115 *Ibidem,* FJ 6.

116 DEL HIERRO, J. L., obra cit., p. 48.

117 *Ibidem*, FJ 6.

intensidad, 'cuando la noticia que se divulga puede suponer por su propio contenido un descrédito en la consideración de la persona a la que la información se refiere (...) De igual modo ha de ser un criterio que debe ponderarse el del respeto a la presunción de inocencia (...). Junto a estos criterios deberá valorarse también el de la 'trascendencia de la información'; criterio, no obstante, cuya aplicación puede deparar consecuencias diferentes, pues, si bien es verdad que la trascendencia de la información puede exigir un mayor cuidado en su contraste (...) este mismo motivo apunta también, 'a la mayor utilidad social de una menor angostura en la fluidez de la noticia'"»[118].

Por tanto, veracidad: a) no significa que la noticia tenga que ser verdadera, basta con una veracidad subjetiva; b) dicha veracidad no objetiva o real implica, a su vez, que el periodista ejercite su libertad de información con la diligencia de un buen profesional y c) diligencia significa actuar en la búsqueda de la información acudiendo a las fuentes, no basándose en meras suposiciones o rumores; sin menosprecio de la verdad.

Observamos, por tanto, que el término *veraz/veracidad* es parte importante en la conciliación entre el derecho a la protección de datos y la libertad de información. No obstante, nos surgen preguntas en torno a su contenido y si la evolución de la tecnología influye en que el concepto de veraz sea distinto. Es evidente que no es igual una noticia en un periódico analógico, en papel, que lo leen pocos lectores — por muchos que sean, son pocos en comparación con el alcance de un periódico digital— y que, para buscar una noticia, transcurridos los días, tendrías que ir a buscarla a una biblioteca. Es decir, la noticia no permanece en el tiempo. Esto es muy importante porque, teniendo claro las evidentes ventajas de la tecnología, sin embargo, surge la necesidad de mejorar la conciliación entre estos dos derechos cuando tomamos conciencia del peligro de la tecnología que trata los datos si no actúa el derecho, porque conserva las noticias ilimitadamente. Si no eliminas la noticia de un periódico digital, de manera recurrente seguirá saliendo, ya sea en búsquedas por el nombre o realizando la búsqueda de manera distinta.

Por tanto, ¿ha cambiado el concepto de veracidad desde 1978 a la actualidad, teniendo en cuenta la evolución tecnológica?:

---

118 *Idem.*

- No ha cambiado, el concepto jurídico es el mismo. El TC, como hemos señalado, ha venido afirmando en todas sus sentencias (hasta la actualidad) que quienes ejercen la libertad de información tienen que informar con veracidad que, insistimos, no es sinónimo de verdad. No obstante, las noticias falsas no se protegen, lo que se protege es a quien ejerce la libertad de información si difunde noticias falsas. Pero para protegerlo, tiene que haber ejercido su libertad de información, tal y como afirma el TC, con la diligencia exigible a un buen profesional.

Estamos de acuerdo con el Alto Tribunal, porque si exigiéramos una verdad objetiva se impediría, *de facto*, el ejercicio de la libertad de información. Por tanto, hay que ejercer el derecho teniendo intención de verificar la noticia dentro de lo razonable, acudiendo a las fuentes, evitando rumores, …que son algunos ejemplos de ese actuar con diligencia. Por tanto, con independencia de la tecnología, el concepto jurídico debe ser el mismo y de hecho (como acabamos de exponer) es el mismo.

- Pero si la tecnología es tan distinta, *de facto* debe cambiar el concepto de veracidad por el mundo digital en el que nos encontramos. Porque las condiciones del ejercicio de la libertad de información han mutado.

Estamos en un entorno digital, mucho más tecnológico que en otras épocas. La digitalización experimentada por nuestra sociedad actual ha provocado que repetir una información constantemente en un medio digital, aunque no la convierte necesariamente, y desde el punto de vista jurídico, en una información verdadera, sí la «transforma» en verdadera *de facto* para la sociedad en general. Esas noticias, aunque sean falsas o «no del todo ciertas», repetidas en el tiempo acaban convertidas en «verdades tecnológicas».

Por tanto, el concepto de veracidad debe experimentar una transformación, nunca para exigir una veracidad objetiva que impediría el ejercicio de la libertad de información, sino para exigir una mayor diligencia en este mundo digital. Y esa mayor diligencia se le debe exigir a todos los que ejercen la libertad de información: periodistas profesionales o al llamado periodismo ciudadano (porque ambos son titulares del derecho a la libertad de información)[119], Por tanto, si

---

119 Toda vez que ni el art. 20.1 d) CE ni el art. 11 de la CDFUE, (vinculante desde diciembre de 2009) no impone límites a su ejercicio.

profesionales y no profesionales ejercen este derecho, también se les debe exigir la misma diligencia.

Y, a su vez, esa mayor diligencia que sirve para mejorar la conciliación entre los derechos fundamentales estudiados debe consistir en ser más cuidadosos en la búsqueda de la información/datos para sus noticias, deben acudir a las fuentes, no basarse en meras suposiciones o rumores, ni en «verdades tecnológicas», verdades repetidas. O también esa mayor diligencia puede consistir, por ejemplo, en que se les exija que realicen una búsqueda en las 50 o 100 primeras entradas que ofrezcan los buscadores; que realicen la búsqueda, si es una persona física, en todas las redes de que disponga; o si es una persona pública/académica, que no sólo se busque en sus redes personales, sino también en los buscadores académicos.

En definitiva, no hay que convertir las verdades tecnológicas en verdades informativas y ampararnos en ellas para justificar o acreditar que hemos ejercido la libertad de información con la diligencia de un buen profesional. Y con ello avanzaremos en el camino a la conciliación entre protección de datos y libertad de información.

CAPÍTULO II.

RÉGIMEN JURÍDICO DE LA PROTECCIÓN DE DATOS A LA LUZ DE LA (R) EVOLUCIÓN TECNOLÓGICA

En el contexto actual de digitalización de la sociedad y de una sociedad de la información, el uso de la tecnología por quienes ejercen la libertad de información plantea retos. Para resolverlos, en el camino hacia la conciliación entre la protección de datos y la libertad de información, hemos de determinar el régimen jurídico vigente de la protección de datos. En concreto, hemos de examinar:

– La interpretación que realiza el Tribunal Constitucional del art. 18.4 CE y el TJUE, por su parte, del art. 8.1 de la Carta de los Derechos Fundamentales de la UE (2000/C 364/01). Por lo tanto, sobre la tutela de los derechos de la ciudadanía *en el uso de la informática*[120].

– La normativa vigente, comunitaria y nacional, que aborda en detalle dicha protección y que gira en torno a los datos de carácter personal, con breve referencia a los antecedentes más inmediatos a la normativa actual.

---

120   Art. 18.4 CE.

2.1. Evolución jurisprudencial

El derecho a la protección de datos, como hemos expuesto, se «crea» con las SSTC, Pleno, 290 y 292/2000, de 30 de noviembre. En ellas se afirma que este derecho *«garantiza a la persona un poder de control y disposición sobre sus datos personales»*[121] que la puedan identificar, directa o indirectamente. A su vez, ese poder de control se garantiza con una serie de derechos, necesarios para su ejercicio, que forman parte de su contenido y que se han mantenido hasta la actualidad.

Así, la STC, Sala 2.ª, 160/2021, de 4 de octubre, expone cuál es la jurisprudencia constitucional actual:

– Afirma que *«El derecho fundamental a la protección de datos de carácter personal (artículo 18.4 CE) persigue garantizar un poder de control sobre los datos personales de la persona afectada, sobre su uso y destino, con el propósito de impedir su tráfico ilícito y lesivo para la dignidad y derecho del afectado»*[122].

– Se reitera la idea de proteger los datos informatizados personales de cualquier persona: es decir, cualquier información que identifique a la persona o que nos conduzca a identificarla *«y que puedan servir para la confección de su perfil (ideológico, racial, sexual, económico o de cualquier otra índole) o para cualquier otra utilidad que, en determinadas circunstancias, constituya una amenaza para el individuo (STC 292/2000, de 30 de noviembre, FJ 6)»*[123]. Si no permiten su identificación o permitiéndola no se utilizan con alguna de las finalidades descritas, dichos datos personales, informaciones, pueden circular por la red y no quedarían bajo el amparo constitucional del art. 18.4 CE. De este modo, podrían ser utilizados por quienes ejercen la libertad de información para la elaboración de sus noticias.

– Y afirma que es contenido de este derecho, que es *«parte conformadora de este derecho fundamental, "la facultad de saber en todo momento quién dispone de esos datos personales y a*

---

121 STC, Pleno, 290/2000, de 30 de noviembre, FJ 7.

122 STC, Sala 2.ª, 160/2021, de 4 de octubre, FJ 3.

123 *Idem*.

qué uso los está sometiendo" (STC 292/2000, de 30 de noviembre, FJ 6)»[124]. *«"Ese poder de disposición sobre los propios datos personales nada vale si el afectado desconoce qué datos son los que se poseen por terceros, quiénes los poseen, y con qué fin" (STC 292/2000, de 30 de noviembre, FJ 6)»*[125].

En definitiva, el contenido del derecho a la protección de datos sigue siendo el mismo que cuando se creó; y a pesar de los grandes cambios tecnológicos experimentados desde las SSTC del año 2000, no ha sido modificado. Podemos fijar como parte de ese contenido de la protección de datos, el siguiente:

a) El poder de disposición y control de nuestros datos. Un sector doctrinal identifica esta posibilidad de disponer de nuestros datos con la necesidad de que exista consentimiento, que «se manifiesta como autodeterminación del individuo y conforma el espacio de libertad y dignidad de la persona, junto con el resto de derechos fundamentales»[126]. El que el consentimiento no se preste no siempre implica vulneración de este derecho fundamental. Y, en este sentido, Arenas Ramiro afirma, refiriéndose a la legislación que desarrolla el precepto, que «El consentimiento sigue siendo una de las principales bases que legitiman el tratamiento de datos que se efectúe, pero debemos recordar que para poder tratar datos personales no siempre es necesario contar con el consentimiento de su titular, sino que se podrán tratar datos si existe otra base de legitimación»[127].

b) Y un conjunto de derechos o facultades que permiten su ejercicio. Estos derechos (subderechos) perfilan el contorno de la protección de datos e identifican su contenido, de tal modo que sin ellos no existiría. Así, son necesarios para garantizar el derecho y para su pleno ejercicio. En este sentido se pronuncian, entre otros, Serrano Pérez cuando afirma que «la otra parte del contenido esencial del derecho a la pro-

---

124 *Idem.*

125 *Idem.*

126 SERRANO PÉREZ, M. M., «El derecho fundamental a la Protección de Datos. Su contenido esencial», *Nuevas Políticas Públicas: Anuario multidisciplinar para la modernización de las Administraciones Públicas*, n.º 1, Madrid, 2005, p. 255.

127 ARENAS RAMIRO, M., «Nuevas tecnologías y retos para la protección de datos personales en Europa: el rastreo de contactos durante la pandemia por covid-19», *Confluencias*, vol. 25, n.º 3, PPGSD/UFF, Brasil, 2021, p. 105.

tección de datos la constituye un conjunto de derechos que garantizan la protección de la persona frente al manejo de datos personales, es decir, garantizan la eficacia del consentimiento y del control. Esos derechos son: el derecho de información, de acceso, de rectificación, de cancelación y de oposición»[128].

Observamos, pues, un cambio desde la creación del derecho en el año 2000 hasta la actualidad, en cuanto a su consideración o no como un verdadero derecho fundamental autónomo; si bien el TC no ha venido mostrándose claro y contundente, al respecto. Así ha considerado el art. 18.4 CE como una garantía para el ejercicio de otros derechos, que es lo que parece desprenderse de la literalidad del precepto. Y, en otras ocasiones, se ha referido al art. 18.4 CE como un derecho fundamental[129]. Sin embargo, en la actualidad ya no hay duda de que es un derecho fundamental autónomo[130] y, en todo caso, no le resta autonomía el que al mismo tiempo sea garantía de otros derechos o un «derecho instrumental», como lo denomina Lucas Murillo de la Cueva. Este autor afirma que es autónomo y, al mismo tiempo, «un derecho instrumental, ciertamente, pero igual de instrumental que otros de indudable raigambre en el constitucionalismo (…), o cualquiera de los reconocidos en los textos fundamentales, pues los derechos que afirman no son más que los medios jurídicos que aseguran la satisfacción de las necesidades básicas de las personas en los casos en que se pretende obstaculizarla o impedirla»[131]. Lo cierto es que es un derecho de creación jurisprudencial, pero un derecho, como bien afirma Arenas Ramiro, «para cuya plena eficacia es indispensable la intervención del legislador»[132].

En el ámbito europeo, en el mismo periodo, la CDFUE reconoce la protección de datos como un derecho fundamental en su art. 8.1. Al respecto, se limita a afirmar que *«Toda persona tiene derecho a*

---

128 SERRANO PÉREZ, M. M., obra cit., pp. 253-254.

129 Ambos sentidos los encontramos en la STC, Pleno, 290/2000, de 30 de noviembre.

130 *Vid.* STC, Sala 2.ª, 160/2021, de 4 de octubre. Y así se desprende de su fundamentación jurídica.

131 LUCAS MURILLO DE LA CUEVA, P., «La Constitución y el derecho a la autodeterminación informativa», *Cuadernos de derecho público*, INAP, Madrid, 2003, p. 41.

132 ARENAS RAMIRO, M., *El derecho fundamental a la protección de datos personales en Europa*, Tirant Lo Blanch, Valencia, 2006, p. 466.

la protección de los datos de carácter personal que la conciernan» —misma redacción que posteriormente se incluirá en el art. 16.1 del TFUE—[133/134].

En cuanto al desarrollo jurisprudencial de su contenido, el TJUE, a diferencia de nuestro TC, no ha tenido la necesidad de precisar que estamos ante un derecho fundamental[135], toda vez que el mismo está expresamente reconocido en la legislación europea. No ocurre lo mismo con el TEDH que sí ha desarrollado una abundante jurisprudencia sobre el derecho a la vida privada y familiar y del que se considera parte integrante el derecho a la protección de datos[136]. Por tanto, el TJUE, que tiene entre sus funciones la interpretación de la legislación, ha ido desarrollando el contenido de este derecho, concretando cada una de las facultades que comprende y que están recogidas en el RGPD. Entre otras, podemos citar la reciente STJUE, de 12 de enero de 2023, asunto C-154/21[137], que interpreta una de las facultades que integran este derecho y, al mismo tiempo, nos remite a una importante sentencia que precisa de manera concisa su contenido. Así, en la STJUE, 9 de marzo de 2017, C-398/15, el Tribunal afirma que *«(...) mientras que el artículo 8 de la Carta proclama expresamente el dere-*

---

133 El TFUE fue publicado en el DOUE el 30 de marzo de 2010 y es el *«resultado de las modificaciones introducidas por el Tratado de Lisboa firmado el 13 de diciembre de 2007 en Lisboa y que entró en vigor el 1 de diciembre de 2009»,* tal y como se afirma en el propio texto. Disponible en: https://www.boe.es/buscar/doc.php?id=DOUE-Z-2010-70002. (Consulta: 9/02/24)
Vid. art. 16.1 TFUE: *«Toda persona tiene derecho a la protección de datos de carácter personal que le conciernan».*

134 *Vid.* art. 11.1 CDFUE que regula la libertad de información: «1. Toda persona tiene derecho a la libertad de expresión. Este derecho comprende la libertad de opinión y la libertad de recibir o de comunicar informaciones o ideas sin que pueda haber injerencia de autoridades públicas y sin consideración de fronteras». Disponible en: https://www.europarl.europa.eu/charter/pdf/text_es.pdf. (Consulta: 9/02/24).

135 Aunque lo reitera en sus sentencias, constatando una realidad. Entre otras, STJUE de 12 de enero de 2023, asunto C154/21, apartado 44.

136 Parafraseado de ARENAS RAMIRO, M., obra cit., p. 79.

137 Disponible en: https://curia.europa.eu/juris/document/document.jsf;jsessionid=A3044236BDFF6B2C5A843D15F32FC3AE?text=&docid=269146&pageIndex=0&doclang=ES&mode=req&dir=&occ=first&part=1&cid=54277. (Consulta: 26/01/24).

cho a la protección de los datos personales. Los apartados 2 y 3 de este último artículo precisan que dichos datos se tratarán de modo leal, para fines concretos y sobre la base del consentimiento del interesado o en virtud de otro fundamento legítimo previsto por la ley, que toda persona tiene derecho a acceder a los datos recogidos que le conciernan y a obtener su rectificación y que el respeto de estas normas estará sujeto al control de una autoridad independiente» [138].

Por tanto, es la Carta la que reconoce la existencia del derecho fundamental a la protección de datos y especifica someramente su contenido. De lo expuesto se desprende que en la Carta:

- El derecho fundamental está vinculado a dos conceptos imprescindibles, que no define la Carta y que son los datos personales y el tratamiento de los mismos, y que para conocer su significado debemos acudir a la legislación comunitaria sobre la materia [139].

- Se requiere para el tratamiento de nuestros datos el consentimiento; o la existencia de una causa, legalmente prevista, que permita el mismo prescindiendo del consentimiento de su titular.

- Este derecho implica que los titulares tienen derecho de acceso [140] y derecho de rectificación [141].

- Y, a su vez, se fija la necesidad de que exista una autoridad para controlar el cumplimiento de las facultades que implica este derecho.

---

138 STJUE, 9 de marzo de 2017, asunto 398/15, apartado 40. Disponible en: https:// curia.europa.eu/juris/document/document.jsf?docid=188750&doclang=ES. (Consulta: 20/03/24).

139 *Vid.* ARENAS RAMIRO, M., obra cit., p. 243.

140 Derecho que ha sido ampliando en STJUE, 22 de junio de 2023, asunto C-154/21, Fallo. En el mismo se interpreta el art. 15 RGPD en el sentido de que el derecho de acceso es aplicable, incluso, *«cuando las operaciones de tratamiento a que se refiere esa solicitud se habían efectuado antes de la fecha en que empezó a ser aplicable dicho Reglamento, pero la solicitud se presentó después de esa fecha».*

141 A él se refiere, entre otras, la STJUE, 20 de diciembre de 2017, asunto C-434/16.

Al mismo tiempo, es la legislación la que, como ocurre con el derecho fundamental del art. 18.4 CE, lo ha ido desarrollando y ampliando. Y es la jurisprudencia, en este caso del TJUE, la que interpreta el contenido, tanto el fijado en la Carta como en la restante normativa. Así se ha ampliado el contenido del derecho a la protección de datos fijado en la Carta, incluyendo también el derecho a ser informado[142], el derecho de oposición[143] y el derecho de cancelación[144].

2.2. Regulación comunitaria y nacional

En cuanto a la normativa sobre el derecho a la protección de datos, ésta debe respetar el contenido expuesto, ex art. 53.1 CE. Ese respeto, constitucionalmente previsto, también ha sido desarrollado por la jurisprudencia constitucional española cuando afirma, respecto a la normativa sobre protección de datos, que está *«sometida al insoslayable respeto al contenido esencial del derecho fundamental cuyo ejercicio regula (art. 53.1 C.E.)»*[145]. El desarrollo va a girar en torno al dato y al tratamiento del mismo, elaborando con ello un «sistema preventivo que actúa desde el momento en que se recaba la información», por lo que «no hay que esperar a que se produzca el daño y se lesione a la persona»[146]. En consecuencia, las normas que dicta el legislador van a cumplir la finalidad pensada para ellas de desarrollar el derecho, respetando su contenido constitucional, y dotándolo de medios para su prevención y de medidas para su sanción en caso de incumplimiento.

---

142 Necesario para poder prestar el consentimiento. Como señala ARENAS RAMIRO, M., obra cit., p. 260, cuando afirma que «(...) dicho derecho debe ser reconocido al titular de los datos precisamente para que pueda disponer de ellos libremente, y decidir si quiere o no que los mismos sean tratados».

143 *Vid.* STJUE, 20 de diciembre de 2017, asunto C-434/16.

144 Ahora derecho de supresión o derecho al olvido. *Vid.* STJUE, Gran Sala, de 13 de mayo de 2014, asunto Google Spain y Google Inc. contra AEPD *et al*.

145 STC, Pleno, 292/200, de 30 de noviembre, FJ 10. Disponible en: https://www.boe.es/buscar/doc.php?id=BOE-T-2001-332. (Consulta: 28/01/24).

146 SERRANO PÉREZ, M. M., obra cit., p. 254.

De este modo, este derecho fundamental, interpretado por la jurisprudencia, encuentra su *«marco jurídico general»*[147] comunitario en el vigente RGPD. Como antecedentes previos hemos de destacar, por su importancia, el Convenio n.º 108 del Consejo de Europa, de 28 de enero de 1981, para la protección de personas con respecto al tratamiento automatizado de datos de carácter personal. Su finalidad es garantizar, a la ciudadanía de los Estados firmantes, su derecho a la vida privada frente al tratamiento de sus datos personales[148], pero no habla del derecho fundamental a la protección de datos. Al mismo tiempo nos ofrece en su art. 2 una definición de los datos de carácter personal como *«cualquier información relativa a una persona física identificada o identificable ("persona concernida")»*[149], y del tratamiento automatizado como *«las operaciones que a continuación se indican efectuadas en su totalidad o en parte con ayuda de procedimientos automatizados: Registro de datos, aplicación a esos datos de operaciones Lógicas aritméticas, su modificación, borrado, extracción o difusión»*[150].

Con posterioridad, «y como punto de inflexión», diríamos incluso de auténtica revolución, adentrándonos ya en la etapa de digitalización de la sociedad, se dictó la Directiva 95/46/CE del Parlamento europeo y del Consejo de 24 de octubre de 1995 (derogada), relativa a la protección de las personas físicas en lo que respecta al tratamiento de datos personales y a la libre circulación de esos datos, que se aplica indistintamente *«al tratamiento (…) automatizado de datos personales, así como al tratamiento no automatizado»*[151]. Se considera por la UE

---

147 *Idem*.

148 Parafraseado del art. 1 del Convenio, cuando afirma que *«El fin del presente Convenio es garantizar, en el territorio de cada Parte, a cualquier persona física sean cuales fueren su nacionalidad o su residencia, el respeto de sus derechos y libertades fundamentales, concretamente su derecho a la vida privada, con respecto al tratamiento automatizado de los datos de carácter personal correspondientes a dicha persona ("protección de datos")».* Disponible en: https://www.boe.es/buscar/doc.php?id=BOE-A-1985-23447. (Consulta: 19/02/24).

149 *Vid.* art. 2 del Convenio n.º 108 del Consejo de Europa, de 28 de enero de 1981 (derogado). Disponible en: https://www.boe.es/buscar/doc.php?id=-BOE-A-1985-23447. (Consulta: 19/02/24).

150 *Idem*.

151 *Vid.* art. 3 de la Directiva 95/46/CE del Parlamento europeo y del Consejo de 24 de octubre de 1995 (derogada). Disponible en: https://www.boe.es/buscar/doc.php?id=DOUE-L-1995-81678. (Consulta: 7/02/24).

un «*texto de referencia, a escala europea, en materia de protección de datos personales. Crea un marco regulador destinado a establecer un equilibrio entre un nivel elevado de protección de la vida privada de las personas y la libre circulación de datos personales dentro de la Unión Europea (UE). Con ese objeto, la Directiva fija límites estrictos para la recogida y utilización de los datos personales y solicita la creación, en cada Estado miembro, de un organismo nacional independiente encargado de la supervisión de cualquier actividad relacionada con el tratamiento de los datos personales*»[152]. No obstante, dejaba un amplio margen a la regulación por cada Estado miembro y, por tanto, era casi obligado dictar una normativa más detallada que pusiera fin a la inseguridad jurídica por la existencia de múltiples ordenamientos regulando el tratamiento de datos.

Así surge el vigente RGPD[153]: Reglamento (UE) 2016/679 del Parlamento Europeo y del Consejo, de 27 de abril de 2016, relativo a la protección de las personas físicas en lo que respecta al tratamiento de datos personales y a la libre circulación de estos datos[154]. Este Reglamento se promulga muy avanzada la etapa de revolución tecnológica y como consecuencia de ella, toda vez que «*la rápida evolución tecnológica y la globalización han planteado nuevos retos para la protección de los datos personales*»[155]. Su finalidad es «*garantizar un nivel uniforme y elevado de protección de las personas físicas y eliminar los obstáculos a la circulación de datos personales dentro de la*

---

152 Disponible en: https://eur-lex.europa.eu/ES/legal-content/summary/protection-of-personal-data.html. (Consulta: 7/02/24).

153 Disponible en: https://www.boe.es/doue/2016/119/L00001-00088.pdf. (Consulta: 7/02/24). Con anterioridad estuvo en vigor el Reglamento (CE) n.º 45/2001 del Parlamento Europeo y del Consejo, de 18 de diciembre de 2000 (derogado), relativo a la protección de las personas físicas en lo que respecta al tratamiento de datos personales por las instituciones y los organismos comunitarios y a la libre circulación de estos datos. Este Reglamento, así como la Decisión n.º 1247/2002/CES, fueron derogados por el Reglamento (UE) 2018/1725 del Parlamento Europeo y del Consejo, de 23 de octubre de 2018, relativo a la protección de las personas físicas en lo que respecta al tratamiento de datos personales por las instituciones, órganos y organismos de la Unión y a la libre circulación de esos datos.

154 Que deroga la Directiva 95/46/CE.

155 RGPD, Considerando 6. Disponible en: https://www.boe.es/doue/2016/119/L00001-00088.pdf. (Consulta: 7/02/24).

Unión»[156], evitando la existencia de múltiples ordenamientos jurídicos dentro de la UE[157] que dificulten la protección de datos y, al mismo tiempo, la libre circulación de los mismos.

A priori, con los Considerandos, el objetivo del Reglamento de evitar normativa divergente no tiene sólo el propósito de que exista una mayor tutela del derecho a la protección de datos, sino que estos datos/información, importantes para muchos ámbitos estratégicos de la UE (como puede ser la economía, defensa…), puedan circular libremente por los países comunitarios y que dicha circulación no pueda ser impedida por la legislación de alguno de los Estados miembros. Así, claramente se desprende del Considerando 9 cuando afirma que *«(…) Las diferencias en el nivel de protección de los derechos y libertades de las personas físicas, en particular del derecho a la protección de los datos de carácter personal, en lo que respecta al tratamiento de dichos datos en los Estados miembros, pueden impedir la libre circulación de los datos de carácter personal en la Unión. Estas diferencias pueden constituir, por lo tanto, un obstáculo al ejercicio de las actividades económicas a nivel de la Unión, falsear la competencia e impedir que las autoridades cumplan las funciones que les incumben en virtud del Derecho de la Unión»*[158]. Afirma desde el principio, como declaración de intenciones, que su objeto es *«la protección de las personas físicas en relación con el tratamiento de datos personales»*[159], una protección uniforme que tiene por finalidad que todos los datos personales puedan ser conocidos en cualquier país de la UE —finalidad que aparece recogida en otros muchos Considerandos—[160]. Su intención

---

156 *Ibidem*, Considerando 10.

157 *Vid*. RGPD, Considerando 9, cuando afirma que *«Aunque los objetivos y principios de la Directiva 95/46/CE siguen siendo válidos, ello no ha impedido que la protección de los datos en el territorio de la Unión se aplique de manera fragmentada, ni la inseguridad jurídica ni una percepción generalizada entre la opinión pública de que existen riesgos importantes para la protección de las personas físicas, en particular en relación con las actividades en línea».*

158 RGPD, Considerando 9.

159 RGPD, Considerando 1.

160 *Vid*. RGPD, Considerando 10: *«Debe garantizarse en toda la Unión que la aplicación de las normas de protección de los derechos y libertades fundamentales de las personas físicas en relación con el tratamiento de datos de carácter personal sea coherente y homogénea. En lo que respecta al tratamiento de datos perso-*

es la de buscar un adecuado funcionamiento del mercado europeo, sin falseamiento del mismo, ni competencias desleales.

Centrándonos en el objetivo de la protección de nuestros datos, el Reglamento nos ofrece su definición y contenido cuando establece que es el derecho a que las personas tengan *«el control de sus propios datos personales»*[161], ya que, debido a los avances tecnológicos, *«difunden un volumen cada vez mayor de información personal a escala mundial»*. Pero ese control, del mismo modo que lo fija la jurisprudencia examinada, es sólo sobre aquella información que identifique o permita identificar a una persona física[162], *«en particular mediante un identificador, como por ejemplo un nombre (...) o uno o varios elementos propios de la identidad física, fisiológica, genética, psíquica, económica, cultural o social de dicha persona»*[163]. Por ello, insistimos en que cualquier información que no cumpla estos parámetros podrá circular por la red y ser usada por quienes ejercen la libertad de información, aunque en este supuesto consideramos que no puede resultar afectada nuestra identidad; la cual sí se mostrará dañada cuando, además de identificarnos, la información ofrezca una visión nuestra distinta a quienes somos, cómo nos ven los demás y cómo queremos mostrarnos y que ha ido creando nuestra identidad digital.

---

nales para el cumplimiento de una obligación legal, para el cumplimiento de una misión realizada en interés público o en el ejercicio de poderes públicos conferidos al responsable del tratamiento, los Estados miembros deben estar facultados para mantener o adoptar disposiciones nacionales a fin de especificar en mayor grado la aplicación de las normas del presente Reglamento. Junto con la normativa general y horizontal sobre protección de datos por la que se aplica la Directiva 95/46/CE, los Estados miembros cuentan con distintas normas sectoriales específicas en ámbitos que precisan disposiciones más específicas. El presente Reglamento reconoce también un margen de maniobra para que los Estados miembros especifiquen sus normas, inclusive para el tratamiento de categorías especiales de datos personales ("datos sensibles"). En este sentido, el presente Reglamento no excluye el Derecho de los Estados miembros que determina las circunstancias relativas a situaciones específicas de tratamiento, incluida la indicación pormenorizada de las condiciones en las que el tratamiento de datos personales es lícito».

161 *Ibidem*, Considerando 6.

162 Parafraseado del RGPD, art. 4.

163 RGPD, art. 4.

En este sentido, parafraseando a WOOD, A. F. Y SMITH, M.J., consideramos que la identidad digital es, como ellos afirman, una estructura compleja que está integrada por la suma de tres elementos: quién creemos ser, cómo queremos que los demás nos «vean» y cómo nos «ven» realmente[164]. Y el segundo elemento, para nosotros se configura con los datos/información que aportamos (u otros aportan de nosotros) a la red.

Y continúan afirmando estos autores que [un aspecto importante de nuestra identidad es cómo nos presentamos ante los demás. Hasta cierto punto, podemos controlar lo que otros conocen de nosotros tomando algunas decisiones en la vida, toda vez que algunas características de nuestra identidad pueden ser predeterminadas por nosotros. En las interacciones cara a cara, la gente infiere cualidades basadas, entre otras, en ropa y otras características no verbales. (…) Las tecnologías de internet nos ofrecen la posibilidad de controlar más que antes aspectos de nuestra identidad, respecto del escrutinio público][165]. Por tanto, la identidad digital está conformada por elementos elegidos/predeterminados por nosotros, pero también, lógicamente, por elementos externos. En caso contrario estaríamos ante una visión hiperindividualista de la identidad digital que no compartimos y que no se compadece con la configuración que se viene realizando de otros derechos, como puede ser el derecho al honor.

El derecho a la protección de datos, para su pleno ejercicio y efectividad, está integrado por otros derechos/facultades que, respetando el contenido fijado por la jurisprudencia, el Reglamento amplía. Así se reconoce en el Considerando 11 al afirmar que «*La protección efectiva*

---

164 Parafraseado de WOOD, A. F. Y SMITH, M. J., *Online communication: linking technology, idenity, and culture*, LEA, New Jersey, 2005, p. 51-77. En su obra dedican el capítulo 3 a «Forming online identities».

165 Traducción de WOOD, A. F. Y SMITH, M. J., obra cit., pp. 56-58. Páginas que se encuentran dentro del capítulo 3, «Forming online identities», y que los autores dedican a lo que ellos llaman «Performing identity on the internet». Afirmando que «an important aspect of identity is how we present ourselves to others. To some degree, we can control what others know of us by making some choices in life, yet certain qualities of our identities are predetermined for us. In fase-to-face interactions, people infer qualities based on our gender, race, clothing, and other nonverbal characteristics. (…) Internet technologies offer us the possibility of controlling more asppects of our identity for public consideration than has been possible before».

de los datos personales en la Unión exige que se refuercen y especifiquen los derechos de los interesados y las obligaciones de quienes tratan y determinan el tratamiento de los datos de carácter personal»[166].

Esas facultades o derechos, que permiten el ejercicio del derecho a la protección de datos, están regulados en el capítulo III (arts. 12 y ss.) y son, entre otros, los siguientes: la transparencia de la información y comunicación al interesado (arts. 12-14)[167]; el derecho de acceso de la persona interesada para saber si se están tratando sus datos[168]; el derecho de oposición[169]; el derecho de rectificación si la información es inexacta; así como el derecho de supresión si nos encontramos en alguno de los supuestos previstos en el artículo que lo regula, entre los que se encuentra el que el particular quiera eliminar la información o revocar el consentimiento ya prestado.

Por tanto, existe todo un desarrollo normativo que dota de un amplísimo contenido al derecho a la protección de datos, con medidas preventivas y normas sancionadoras. Lógicamente, la normativa va más lejos que la regulación contenida en el art. 18.4 CE y en el art. 8.1 de la Carta, toda vez que es al legislador a quien corresponde su desarrollo, como reiteradamente viene afirmando nuestro TC.

Respecto a la regulación efectuada por el legislador ordinario de la protección de datos en el ordenamiento jurídico español, se encuentra en la LOPD 3/2018, de 5 de diciembre, de Protección de Datos Perso-

---

166 RGPD, Considerando 11. Y continúa afirmando que «*en los Estados miembros se reconozcan poderes equivalentes para supervisar y garantizar el cumplimiento de las normas relativas a la protección de los datos de carácter personal y las infracciones se castiguen con sanciones equivalentes*».

167 *Vid.* art. 12.1 RGPD: «*El responsable del tratamiento tomará las medidas oportunas para facilitar al interesado toda información (...) relativa al tratamiento, en forma concisa, transparente, inteligible y de fácil acceso, con un lenguaje claro y sencillo (...)*».

168 *Vid.* art. 15.1 RGPD: «*El interesado tendrá derecho a obtener del responsable del tratamiento confirmación de si se están tratando o no datos personales que le conciernen y, en tal caso, derecho de acceso a los datos personales y a la siguiente información (...)*».

169 *Vid.* art. 21.1 RGPD: «*1. El interesado tendrá derecho a oponerse en cualquier momento, por motivos relacionados con su situación particular, a que datos personales que le conciernan sean objeto de un tratamiento basado en lo dispuesto en el artículo 6, apartado 1, letras e) o f) (...)*».

nales y garantía de los derechos digitales[170]; y que se dicta para «*adaptar el ordenamiento jurídico español al Reglamento (UE) 2016/679 del Parlamento Europeo y el Consejo, de 27 de abril de 2016*»[171]. Es remarcable cómo, en el Preámbulo, se destaca la labor de los constituyentes, como *visionarios,* cuando introdujeron en el art. 18.4 CE[172] la referencia a la informática. No obstante, consideran que sería necesaria una reforma constitucional para una mejor adaptación de este precepto a la revolución digital actual[173] y, sobre todo, para incluir como derechos fundamentales «*una nueva generación de derechos digitales*»[174].

---

170 Su precedente es la LORTAD 5/1992, de 29 de octubre. *Vid.* HEREDERO HIGUERAS, M., «La LORTAD y su futuro. La Ley Orgánica 5/1992, de 29 de octubre de regulación del tratamiento automatizado de los datos de carácter personal», *Informática y Derecho*, UNED, Madrid, 1998, p. 1, cuando afirma que «La LO. 5/1992, de 29 de octubre, culminó un proceso de elaboración doctrinal y normativa que se remonta a 1976 y que tuvo varios hitos, en forma de proposiciones no de ley (1986), proposiciones de ley (1987,1988) y un proyecto del Gobierno (1984)». Disponible en: https://dialnet.unirioja.es/servlet/autor?codigo=264122. (Consulta 26/01/24).
   Posteriormente, se promulga la LOPD 15/1999, de 13 de diciembre cuyo objeto no sólo es proteger el tratamiento que se realiza de los datos personales que los define, en su art. 3, como «*cualquier información concerniente a personas físicas identificadas o identificables*»; sino los «*derechos fundamentales (...) y especialmente (...) honor e intimidad personal y familiar*» (art. 1). Pero no hay ninguna referencia al derecho fundamental a la libertad de información. En este momento el legislador español todavía no reconoce la existencia de un derecho fundamental a la protección de datos, ni que sea independiente de otros derechos fundamentales como honor o intimidad.
   La vigente LO deroga la 15/1999: «*1. Sin perjuicio de lo previsto en la disposición adicional decimocuarta y en la disposición transitoria cuarta*». *Vid.* LOPD 3/2018, disposición derogatoria única. Disponible en: https://www.boe.es/buscar/act.php?id=BOE-A-2018-16673. (Consulta: 28/01/24).

171 LOPD, art. 1.

172 *Vid.* Preámbulo LOPD 3/2018, cuando afirma que «*Los constituyentes de 1978 ya intuyeron el enorme impacto que los avances tecnológicos provocarían en nuestra sociedad y, en particular, en el disfrute de los derechos fundamentales*».

173 *Vid.* Preámbulo LOPD 3/2018, cuando afirma que «*una deseable futura reforma de la Constitución debería incluir entre sus prioridades la actualización de la Constitución a la era digital y, específicamente, elevar a rango constitucional una nueva generación de derechos digitales*».

174 *Idem.*

La finalidad de la vigente LOPD es «*la concreción y desarrollo del derecho fundamental de protección de datos de las personas físicas en relación con el tratamiento de datos personales*»[175], ante la «*rápida evolución tecnológica*»[176], así como «*garantizar los derechos digitales*»[177]. El legislador nacional desarrolla y amplía normativamente el derecho fundamental a la protección de datos[178], siempre bajo el paraguas del contenido fijado jurisprudencialmente y por imperativo de la normativa comunitaria[179]. El eje de su regulación sigue siendo la prestación del consentimiento[180] y un conjunto de derechos que garantizan su

---

175 *Idem*.

176 *Vid*. Preámbulo cuando dice que esta protección es consecuencia de «*los retos planteados por la rápida evolución tecnológica y la globalización, que ha hecho que los datos personales sean el recurso fundamental de la sociedad de la información*».

177 *Vid*. art. 1 cuando, refiriéndose al objeto de esta ley, afirma que es «*a) Adaptar el ordenamiento jurídico español al Reglamento (UE) 2016/679 del Parlamento Europeo y el Consejo, de 27 de abril de 2016, relativo a la protección de las personas físicas en lo que respecta al tratamiento de sus datos personales y a la libre circulación de estos datos, y completar sus disposiciones. El derecho fundamental de las personas físicas a la protección de datos personales, amparado por el artículo 18.4 de la Constitución, se ejercerá con arreglo a lo establecido en el Reglamento (UE) 2016/679 y en esta ley orgánica. b) Garantizar los derechos digitales de la ciudadanía conforme al mandato establecido en el artículo 18.4 de la Constitución*».

178 *Vid*. AEPD que nos ofrece la definición de dato personal: «*Toda información sobre una persona física identificada o identificable ("el interesado"); se considerará persona física identificable toda persona cuya identidad pueda determinarse, directa o indirectamente, en particular, mediante un identificador, como por ejemplo un nombre, un número de identificación, datos de localización, un identificador en línea o uno o varios elementos propios de la identidad física, fisiológica, genética, psíquica, económica, cultural o social de dicha persona (Definición del Reglamento Europeo de Protección de Datos)*». Disponible en: https://www.aepd.es/sites/default/files/2020-05/guia-ciudadano.pdf.(Consulta: 28/01/24).

179 *Vid*. Preámbulo LOPD 3/2018, cuando afirma que «*se ejercerá con arreglo a lo establecido en el Reglamento (UE) 2016/679 y en esta ley orgánica*». Así mismo se garantizan también, continúa señalando el art. 1 LOPD, «*los derechos digitales de la ciudadanía conforme al mandato establecido en el artículo 18.4 de la Constitución*».

180 *Vid*. art. 6 que lleva por rúbrica «*Tratamiento basado en el consentimiento del afectado*» y que establece en su apartado 1 que «*(...) se entiende por consentimiento del afectado toda manifestación de voluntad libre, específica, informada*

ejercicio. Entre estos últimos, en lo que afecta más directamente a la conciliación entre la protección de datos y la libertad de información, se encuentran el derecho de rectificación[181] y el derecho de supresión[182], que remiten su desarrollo a la normativa comunitaria.

Es necesario examinar la conciliación entre la protección de datos y la libertad de información para ver el amplísimo contenido que tiene el derecho a la protección de datos y cómo algunos de los subderechos o facultades que se integran en este último derecho juegan como límite de la libertad de información. Pero dejando en evidencia, la necesidad de seguir ampliando el contenido de la protección de datos.

---

e inequívoca por la que este acepta, ya sea mediante una declaración o una clara acción afirmativa, el tratamiento de datos personales que le conciernen».

181 *Vid.* art. 14 que dispone que se ejercerá de conformidad con lo que establece, para este derecho, el RGPD en su art. 16.

182 *Vid.* art. 15 que dispone que se ejercerá de conformidad con lo que establece, para este derecho, el RGPD en su art. 17.

CAPÍTULO III.

CONCILIACIÓN ENTRE PROTECCIÓN DE DATOS/LIBERTAD DE INFORMACIÓN: LA EXCEPCIÓN PERIODÍSTICA

3.1. A modo de premisa sobre los límites de la protección de datos

El derecho fundamental a la protección de datos, como los restantes derechos fundamentales, *«no es un derecho absoluto»*[183], pues su ejercicio encuentra límites. No obstante, existe una importante discusión sobre cuáles son los límites, en general, de los derechos fundamentales[184]. En la Constitución española existe una mención general a su existencia, que aparece expresamente regulada en el ámbito europeo en la CDFUE, art. 52.1, cuando dispone que *«Cualquier limitación del ejercicio de los derechos y libertades reconocidos por la presente Carta deberá ser establecida por la ley y respetar el contenido esencial*

---

183 STJUE de 12 de enero de 2023, asunto C-154/21. Disponible en: https://curia.europa.eu/juris/document/document.jsf;jsessionid=A3044236BDFF6B2C5A-843D15F32FC3AE?text=&docid=269146&pageIndex=0&doclang=ES&mode=req&dir=&occ=first&part=1&cid=54277. (Consulta: 28/01/24).

184 *Vid.* DE DOMINGO PÉREZ, T., ¿Conflictos *entre derechos fundamentales?,* Centro de Estudios políticos y Constitucionales, Madrid, 2001.

de dichos derechos y libertades»[185]. No obstante, nuestra Constitución sí regula la existencia de límites a los derechos en diversos preceptos; y, de manera general, establece el respeto al contenido esencial cuando se desarrollen legislativamente los derechos. Así se pronuncia el art. 53.1 CE, que dispone que *«Sólo por ley, que en todo caso deberá respetar su contenido esencial, podrá regularse el ejercicio de tales derechos y libertades (…)».*

En lo que respecta a la protección de datos, el TC se pronuncia afirmando que este derecho *«no es ilimitado, y aunque la Constitución no le imponga expresamente límites específicos (…) no cabe duda de que han de encontrarlos en los restantes derechos fundamentales y bienes jurídicos constitucionalmente protegidos»*[186]. A su vez, los encontrará también en la ley, toda vez que *«la Constitución ha querido que la Ley, y sólo la Ley, pueda fijar los límites a un derecho fundamental. Los derechos fundamentales pueden ceder, desde luego, ante bienes, e incluso intereses constitucionalmente relevantes, siempre que el recorte que experimenten sea necesario para lograr el fin legítimo previsto, proporcionado para alcanzarlo y, en todo caso, sea respetuoso con el contenido esencial del derecho fundamental restringido»*[187].

Por ello, no disponemos de un poder ilimitado para garantizar el derecho a la protección de datos cuando intentamos conciliarlo con otros derechos fundamentales, como podría ser el derecho a la libertad de información. Es al legislador ordinario al que le corresponde fijar los límites de este derecho, tal y como hemos señalado que dispone la CDFUE y nuestro TC. Este último hace hincapié en dicha cuestión señalando que *«la Ley es la única habilitada por la Constitución para fijar los límites a los derechos fundamentales y (…) al derecho fundamental a la protección de datos y esos límites no pueden ser distintos a los constitucionalmente previstos, que para el caso no son otros que*

---

185 *Vid.* art. 52.1 CDFUE: «*1. Cualquier limitación del ejercicio de los derechos y libertades reconocidos por la presente Carta deberá ser establecida por la ley y respetar el contenido esencial de dichos derechos y libertades. Dentro del respeto del principio de proporcionalidad, sólo podrán introducirse limitaciones cuando sean necesarias y respondan efectivamente a objetivos de interés general reconocidos por la Unión o a la necesidad de protección de los derechos y libertades de los demás*».

186 STC, Pleno, 292/2000, de 30 de noviembre, FJ 11.

187 *Idem.*

los derivados de la coexistencia de este derecho fundamental con otros derechos y bienes jurídicos de rango constitucional»[188].

Por tanto, los límites del derecho a la protección de datos deben ser fijados por las leyes y respetar su contenido esencial. Y esos límites a este derecho deben caracterizarse, como se desprende de lo expuesto, por la necesidad de los mismos para la finalidad pretendida; por la aplicación del principio de proporcionalidad[189]; por el respeto al contenido esencial; y, al mismo tiempo, por el hecho de que esos límites legalmente previstos deben acatar, según la jurisprudencia constitucional, los límites constitucionales que son, en el presente caso, los que surgen de la coexistencia con el derecho a la libertad de información.

3.2. La excepción periodística como límite

3.2.1. Regulación en el RGPD y en la LOPDGDD

En la línea marcada por la jurisprudencia, la CE y la CDFUE, el RGPD no establece la primacía de la protección de datos sobre ningún otro derecho, sino que señala que debe *«mantener el equilibrio con otros derechos fundamentales»*[190]. E insiste en esta idea cuando afirma su respeto a *«todos los derechos fundamentales»*[191], y hace expresa mención a *«la vida privada y familiar»*[192] y a la *«libertad de expresión y de información»*[193]. Por tanto, considera que la protección de datos, como

---

188 STC, Pleno, 292/2000, de 30 de noviembre, FJ 11.

189 *Vid.* MARISCAL RIVERA, M. P., «Aplicación del test proporcionalidad en la argumentación de las resoluciones judiciales en el ámbito del derecho civil», *Revista de Derecho de la UNAP,* vol. 4, n.º 2, UNAP, Perú, 2019, p. 159, cuando afirma, refiriéndose a los límites o restricciones a los derechos, que deben ser «proporcionales en sentido estricto, es decir, (...) que logren un equilibrio entre los beneficios que su implementación representa y los perjuicios que ella produce». Disponible en: https://revistas.unap.edu.pe/rd/index.php/rd/article/view/50/50. (Consulta: 31/03/24).

190 RGPD, Considerando 4.

191 *Idem.*

192 *Idem.*

193 *Idem.*

cualquier otro derecho, es un derecho limitado y que esos límites pueden surgir de su coexistencia con otros derechos como la privacidad, que no identifica con la protección de datos, ya que no hay una exacta identidad entre ambos; o bien de su colisión con la libertad de información.

Para ello, el Reglamento impone la obligación de armonizar la protección de datos con la libertad de información, y establece la previsión de exenciones o excepciones a las normas generales de regulación de la protección de datos. Así lo dispone en su Considerando 153[194] y en el art. 85 cuando afirma que *«1. Los Estados miembros conciliarán por ley el derecho a la protección de los datos personales en virtud del presente Reglamento con el derecho a la libertad (...) de información, incluido el tratamiento con fines periodísticos (...)»*[195]. Y *«2. Para el tratamiento realizado con fines periodísticos (...) los Estados miembros establecerán exenciones o excepciones (...) si son necesarias para conciliar el derecho a la protección de los datos personales con la libertad de expresión e información»*[196/197].

---

194 *Vid.* Considerando 153: *«El Derecho de los Estados miembros debe conciliar las normas que rigen la libertad de expresión e información, incluida la expresión periodística (...) con el derecho a la protección de los datos personales con arreglo al presente Reglamento. El tratamiento de datos personales con fines exclusivamente periodísticos (...) debe estar sujeto a excepciones o exenciones de determinadas disposiciones del presente Reglamento si así se requiere para conciliar el derecho a la protección de los datos personales con el derecho a la libertad de expresión y de información consagrado en el artículo 11 de la Carta. Esto debe aplicarse en particular al tratamiento de datos personales en el ámbito audiovisual y en los archivos de noticias y hemerotecas. Por tanto, los Estados miembros deben adoptar medidas legislativas que establezcan las exenciones y excepciones necesarias para equilibrar estos derechos fundamentales».*

195 RGPD, art. 85.

196 *Idem*.

197 *Vid.,* en este mismo sentido, el Considerando 37 y art. 9 de la Directiva 95/46/CE, derogada por el RGPD vigente. Considerando 37: *«Considerando que para el tratamiento de datos personales con fines periodísticos o de expresión artística o literaria, en particular en el sector audiovisual, deben preverse excepciones o restricciones de determinadas disposiciones de la presente Directiva siempre que resulten necesarias para conciliar los derechos fundamentales de la persona con la libertad de expresión y, en particular, la libertad de recibir o comunicar informaciones».*
Y en cuanto a nuestra derogada LOPD, no recogió esta excepción con fines periodísticos.

Esta previsión de establecer por ley excepciones para ejercer la libertad de información, es consecuencia lógica de que ningún derecho tiene carácter ilimitado. Si tuviéramos que aplicar toda la normativa europea y nacional en materia de protección de datos a la labor periodística[198], nos encontraríamos que no se podría ejercer el derecho a la libertad de información. La aplicación íntegra de la citada regulación «imposibilitaría completamente el ejercicio de estos derechos y libertades, cercenando las libertades informativas, indisolublemente ligadas al pluralismo en las sociedades democráticas»[199]. Baste para acreditar dicha dificultad, ver el contenido del art. 17.1 y 2 RGPD[200] que

---

198 Usamos el término labor/actividad periodística como sinónimo de labor/actividad informativa. Incluimos a quienes ejercen el derecho fundamental a la libertad de información, ya sean periodistas profesionales, como ciudadanos que ejercen el llamado periodismo ciudadano. Y ello porque ni el art. 20.1 d) CE, ni el art. 11 CDFUE impiden que se pueda ejercer el derecho a la libertad de información por quienes no son periodistas profesionales.

199 MUÑOZ-MACHADO CAÑAS, J., «XXXII. Tratamiento de datos y libertad de expresión e información», en PIÑAR MAÑAS, J. L. (dir.), *Reglamento general de protección de datos. Hacia un nuevo modelo europeo de privacidad,* Reus, Madrid, 2016, p. 589.

200 RGPD, art. 17: «*1. El interesado tendrá derecho a obtener sin dilación indebida del responsable del tratamiento la supresión de los datos personales que le conciernan, el cual estará obligado a suprimir sin dilación indebida los datos personales cuando concurra alguna de las circunstancias siguientes: a) los datos personales ya no sean necesarios en relación con los fines para los que fueron recogidos o tratados de otro modo; b) el interesado retire el consentimiento en que se basa el tratamiento de conformidad con el artículo 6, apartado 1, letra a), o el artículo 9, apartado 2, letra a), y este no se base en otro fundamento jurídico; c) el interesado se oponga al tratamiento con arreglo al artículo 21, apartado 1, y no prevalezcan otros motivos legítimos para el tratamiento, o el interesado se oponga al tratamiento con arreglo al artículo 21, apartado 2; d) los datos personales hayan sido tratados ilícitamente; e) f) 2. los datos personales deban suprimirse para el cumplimiento de una obligación legal establecida en el Derecho de la Unión o de los Estados miembros que se aplique al responsable del tratamiento; los datos personales se hayan obtenido en relación con la oferta de servicios de la sociedad de la información mencionados en el artículo 8, apartado 1. Cuando haya hecho públicos los datos personales y esté obligado, en virtud de lo dispuesto en el apartado 1, a suprimir dichos datos, el responsable del tratamiento, teniendo en cuenta la tecnología disponible y el coste de su aplicación, adoptará medidas razonables, incluidas medidas técnicas, con miras a informar a los responsables que estén tratando los datos personales de la solicitud del interesado de supresión de cualquier enlace a esos datos personales, o cualquier copia o réplica de los mismos*».

regula el derecho de supresión o derecho al olvido. Todo el borrado que se permite impediría la actividad periodística. Por ello el art. 17.3 RGPD establece que no se aplicará el borrado que regulan los dos primeros apartados, cuando se ejerza la libertad de información. Es necesaria, por tanto, la previsión que realiza el Reglamento porque, en caso contrario, no sólo estaríamos abocando a quienes ejercen la libertad de información prácticamente a su desaparición[201] en esta era tecnológica, de acceso a multitud de datos; sino que estaríamos restringiendo de tal manera el derecho fundamental a la libertad de información, que casi quedaría «borrado».

Para la coexistencia de estos dos derechos fundamentales[202], se deja en manos de los legisladores nacionales el establecimiento de los límites al derecho a la protección de datos. Esto tiene sentido por aplicación, al menos, del principio de subsidiariedad[203] que rige en la UE en el ámbito de ejercicio de las competencias[204]. De tal manera que las decisiones sobre la conciliación entre dos derechos fundamentales se tienen que tomar por los legisladores más cercanos a la ciudadanía del territorio al que han de afectar[205]. Pero como esto no siempre es lo

---

201 En este mismo sentido vid. MUÑOZ-MACHADO CAÑAS, J., obra cit., p. 591, cuando afirma que «si no se establecen, como prevé expresamente el RGPD, excepciones y exenciones a esas exigencias generales, sería extremadamente dificultoso el ejercicio de la profesión periodística (…) ya que es de suponer que aquéllos sobre quienes se están desarrollando investigaciones o publicando noticias no consentirían fácil y voluntariamente la captación de sus imágenes o el uso de otros datos que les conciernan para su difusión en prensa».

202 Regulados, respectivamente, en los arts. 8.1 y 11 CDFUE.

203 Vid. TUE, Preámbulo. En él se afirma que uno de sus objetivos es que «las decisiones se tomen de la forma más próxima posible a los ciudadanos, de acuerdo con el principio de subsidiariedad».

204 Vid. TUE, art. 5.1: «El ejercicio de las competencias de la Unión se rige por los principios de subsidiariedad y proporcionalidad».

205 Por tanto, se concede margen de actuación a los legisladores de los Estados miembros. En este sentido vid. RGPD, Considerando 10, que establece que «El presente Reglamento reconoce también un margen de maniobra para que los Estados miembros especifiquen sus normas».
En este mismo sentido lo recoge GARCÍA MEXÍA, P., cuando afirma: «II. La singular naturaleza jurídica del Reglamento general de protección de datos de la UE. Sus efectos en el acervo nacional sobre protección de datos», en PIÑAR MAÑAS, J. L. (dir.), Reglamento general de protección de datos. Hacia un nuevo modelo europeo de privacidad, Reus, Madrid, 2016, p. 26, cuando afirma, refiriéndose

más adecuado para los fines de la UE, ésta, aplicando no el principio de subsidiariedad expuesto, sino «la subsidiariedad como técnica de delimitación competencial»[206], «asigna la competencia (…) a la institución que pueda alcanzar mejor los objetivos perseguidos, aunque no sea la institución más cercada a la ciudadanía»[207].

En el supuesto examinado, el Reglamento impone a los Estados que concilien estos dos derechos en juego y resuelvan los conflictos. Es cierto que podría haber regulado él la materia para evitar normas contradictorias, pero aplicó el principio de subsidiariedad expuesto que nos parece correcto. Por tanto, resulta necesario que las excepciones a la protección de datos sean recogidas por las distintas legislaciones, para evitar que el derecho a la protección de protección de datos se convierta en un «derecho absoluto» frente al trabajo periodístico realizado en el ejercicio del derecho a la libertad de información.

No obstante, sí podemos extraer del Reglamento algunas excepciones periodísticas a la normativa general de protección de datos. Se trata de excepciones que encontramos cuando el Reglamento recoge el derecho de supresión (o derecho al olvido) en el art. 17.3 a), en el que afirma que no se podrá ejercer esta facultad de supresión si estamos ante la elaboración de una noticia en el ejercicio del derecho fundamental a la libertad de información[208]. No podremos suprimir, sin

---

a la homologación de la normativa en la UE, que un «factor de homologación reside en el hecho de que el RGPD concede —y uso su misma terminología— amplios "márgenes de maniobra" a los Estados para concretar a escala nacional sus disposiciones».

206 BALAGUER CALLEJÓN, F., «La subsidiariedad en la UE», *Revista de Derecho Constitucional europeo*, n.º 31, Universidad de Granada, Granada, 2019, p.2, Disponible en: https://dialnet.unirioja.es/servlet/articulo?codigo=7065569. (Consulta: 31/03/24).

207 *Idem.*

208 Un ejemplo lo encontramos en la STS, Sala de lo contencioso, 1401/2024, de 4 de marzo. Que desestima el recurso de casación interpuesto por los herederos de una persona fallecida y cuyos datos personales aparecían asociados a un juicio militar contra un reconocido poeta español. La STS, FJ5, afirma que «*El derecho de supresión (derecho al olvido) de los datos de una persona fallecida está reconocido en nuestro ordenamiento. Pero, la singularidad que implica que el derecho de supresión se ejercite respecto de datos personales correspondientes a una persona fallecida no suprime la necesidad de ponderar la protección de datos del difunto con otros derechos y libertades en conflicto a la luz de nuestras*

más, una noticia elaborada por quienes ejercen la libertad de información. En concreto, señala el precepto citado que no se aplicará *«(…) cuando el tratamiento sea necesario: a) para ejercer el derecho a la libertad de (…) información»*[209]. Y en el mismo sentido se pronuncia el Considerando 65 RGPD[210], refiriéndose al derecho al olvido, al afirmar que *«Sin embargo, la retención ulterior de los datos personales debe ser lícita cuando sea necesaria para el ejercicio de la libertad de expresión e información»*[211]. No obstante, habrá que estar a lo que establezcan las distintas legislaciones nacionales para concretar estas excepciones generales.

Nos llama la atención que el Reglamento primero diga que la UE no va a regular las excepciones periodísticas y luego sí establezca algunas. Ello no implica una extralimitación, toda vez que se está conjugando el principio de subsidiariedad, de acercar las decisiones lo máximo posible a la ciudadanía a la que afectan y, por otro, la necesidad de evitar la inseguridad jurídica con múltiples legislaciones nacionales. Simplemente fija unas reglas generales que deben contener todas las legislaciones nacionales y, a partir de ahí, sobre esos mínimos, cada Estado debe proceder a fijar sus propias excepciones periodísticas.

Debemos examinar igualmente nuestra LOPDGDD, toda vez que es al legislador nacional al que se le atribuye la obligación de regular las excepciones al ejercicio de la libertad de información[212]. Aunque en el Preámbulo de esta ley no se menciona expresamente la obligación de conciliar el derecho a la protección de datos con la libertad de información —conciliación impuesta por el Reglamento—, lo cierto es que

---

normas y de la jurisprudencia existente. Alegada la inexactitud parcial de una información que afecta a una persona fallecida, y que aparece incorporada a una investigación histórica y científica, la exigencia de exactitud de lo afirmado se aminora y debe ponderarse también la trascendencia de la inexactitud en el conjunto de la información aparecida».

209 RGPD, art. 17.3 a).

210 También podríamos entender incluida la labor periodística entre las excepciones previstas en otros artículos del Reglamento y a las que también se refieren los Considerandos 39, 45, 47 y 50.

211 RGPD, Considerando 65.

212 El RGPD impone la obligación de regular la excepción/excepciones periodísticas al legislador nacional, pero ello no obsta para que se establezcan las mismas por los Tribunales.

sí se alude indirectamente a ella cuando habla de masiva difusión de datos, de sociedad de la información o de medios de comunicación digitales[213]. Pero, en ningún caso, la LOPDGDD le dedica un apartado concreto y detallado al establecimiento de las excepciones periodísticas, y tampoco las regula expresamente de manera dispersa. Lo que sí encontramos, como hemos señalado, son algunas referencias a la necesidad de conciliación a lo largo de su articulado, pero sin establecer la excepción periodística. Y tampoco hallamos, en ningún otro texto, la alusión a una posterior regulación.

El legislador ordinario no ha cumplido, pues, con la previsión reglamentaria de regular la conciliación entre la protección de datos y la libertad de información. Y a ello podríamos añadir, la escasa tradición que existe en nuestro país de establecer límites a la libertad de expresión en general, lo que podemos aplicar a la libertad de información. En cualquier caso, en este momento y quizás por las razones expuestas, se ha dejado en manos de los tribunales el juicio de la ponderación, cuando entren en conflicto la protección de datos y la libertad de información. No obstante, creemos que es mejor que se elabore una regulación normativa que conlleva seguridad jurídica, sin perjuicio de que, lógicamente, cuestiones concretas se diriman en los tribunales.

Antes de entrar de lleno en las excepciones periodísticas, debemos precisar que ninguna de las dos normativas (ni comunitaria, ni nacional), hacen referencia al periodismo ciudadano. No obstante, consideramos que cuando en ellas se habla de fines periodísticos o excepciones periodísticas, incluyen el periodismo profesional y ciudadano. Y ello porque, como venimos señalando, por un lado, el periodismo ciudadano no está expresamente exceptuado y, por otro, ni la CE, ni la CDFUE excluyen del ejercicio de la libertad de información a quienes no son periodistas profesionales. Y lo expuesto será posible siempre que los ciudadanos ejerzan la libertad de información con los mismos requisitos previstos, en la legislación examinada, para los periodistas profesionales. En todo caso, siempre que los periodistas no profesionales excedan el ámbito de la excepción doméstica prevista en la normativa.

Del contenido del Reglamento y de la LOPDGDD —en la que no se ha regulado la excepción periodística—, parece desprenderse que tendremos que aplicar íntegramente la normativa general sobre pro-

---

213 Parafraseado del Preámbulo LOPDGDD 3/2018.

tección de datos cuando se traten datos personales en el ejercicio de una actividad informativa. Normativa general respecto a la cual deberán tenerse en cuenta las excepciones periodísticas que sí están previstas en el Reglamento y que, de manera indirecta y dispersa, recoge nuestra ley orgánica. Por tanto, la normativa que deben cumplir quienes ejercen la libertad de información es, desde nuestro punto de vista, la contenida en ambas normativas en el siguiente sentido, y ello sin perjuicio de lo que resuelvan los Tribunales para todas las demás cuestiones no previstas en ella y que ya han venido realizando:

a) En cuanto al ámbito de aplicación de la normativa, abarca también a la actividad periodística[214]. No hay excepciones a la normativa general, tal y como se desprende de los arts. 1 y 2 LOPDGDD y arts. 1 y 2 RGPD[215]. Así, se aplicarán ambas normas a cualquier tratamiento de datos personales que realice quien ejerza la libertad de información, de personas físicas, incluidos o que vayan a incluirse en un fichero, y que permitan identificar a una persona, ya nos encontremos ante un tratamiento automatizado o no, total o parcial[216].

b) En un momento anterior a la sociedad digitalizada en la que vivimos, podríamos pensar que esta normativa no sería aplicable a los periodistas (profesionales o no), toda vez que exige que los datos

---

214 Que debe entenderse en el sentido reiteradamente expuesto.

215 *Vid.* arts. 1 y 2 LOPDGDD y arts. 1 y 2 RGPD.

216 Extraído de los arts. 1 y 2 LOPDGDD y arts. 1 y 2 RGPD. *Vid*. art. 4 RGPD, que explica los conceptos de datos personales, tratamiento y ficheros. Así, «*1) "datos personales": toda información sobre una persona física identificada o identificable ("el interesado"); se considerará persona física identificable toda persona cuya identidad pueda determinarse, directa o indirectamente, en particular mediante un identificador, como por ejemplo un nombre, un número de identificación, datos de localización, un identificador en línea o uno o varios elementos propios de la identidad física, fisiológica, genética, psíquica, económica, cultural o social de dicha persona; 2) "tratamiento": cualquier operación o conjunto de operaciones realizadas sobre datos personales o conjuntos de datos personales, ya sea por procedimientos automatizados o no, como la recogida, registro, organización, estructuración, conservación, adaptación o modificación, extracción, consulta, utilización, comunicación por transmisión, difusión o cualquier otra forma de habilitación de acceso, cotejo o interconexión, limitación, supresión o destrucción; (…) 6) "fichero": todo conjunto estructurado de datos personales, accesibles con arreglo a criterios determinados, ya sea centralizado, descentralizado o repartido de forma funcional o geográfica*».

estén (o vayan a estar) en ficheros. Sin embargo, en la era de la revolución tecnológica ni siquiera cabe su planteamiento. Sin perjuicio de que en la actualidad los medios de comunicación son titulares de ficheros. *«Aunque originariamente no lo fueran, lo cierto es que con el pasar de los años y la implantación (...) de medidas informáticas y mejoras técnicas, en la actualidad los medios de comunicación social (muy particularmente los medios digitales) son por norma general titulares de ficheros en los que se incorporan "datos de carácter personal" de personas físicas»*[217]. Además, el fichero puede estar hoy día en cualquier soporte del que disponen, con facilidad, tanto periodistas profesionales como ciudadanos.

c) Respecto a los titulares de los datos, también se aplica la normativa general que sólo incluye a personas físicas vivas mayores de edad.

En cuanto a las personas fallecidas, tampoco hay excepción. Quienes ejercen la libertad de información sí podrán elaborar noticias sobre ellas, toda vez que el Reglamento no se aplica a los datos personales de las mismas[218], no son titulares del derecho a la protección de datos, como se desprende del art. 2 LOPDGDD, que establece que del ámbito de aplicación de esta ley orgánica se excluyen *«los tratamientos de datos de personas fallecidas»*[219]. Y ello porque «la personalidad se extingue con la muerte»[220]. No obstante, con carácter general, sí se

---

217 Muñoz-Machado Cañas, J., obra cit., pp. 589-590.

218 RGPD, Considerando 27: *«El presente Reglamento no se aplica a la protección de datos personales de personas fallecidas. Los Estados miembros son competentes para establecer normas relativas al tratamiento de los datos personales de estas»*.

219 LOPDGDD, art. 2.

220 Cavero Mochales, N., «Artículo 2. Ámbito de aplicación de los Títulos I a IX y de los artículos 89 a 94», en Arenas Ramiro, M. (dir.) y Ortega Giménez, A. (dir.), *Protección de datos: comentarios a la Ley orgánica de Protección de Datos y Garantía de Derechos Digitales (en relación con el RGPD)*, Sepín, Madrid, 2019, p. 55. *Vid.* pp. 57-58, cuando afirma que «Esta exclusión encuentra sentido (...), en el art. 32 del Código Civil, el cual establece que "la personalidad se extingue por la muerte de las personas". Si tenemos en cuenta que el derecho a la protección de datos es un derecho personalísimo, que otorga a la persona un poder de disposición y control sobre sus datos personales, tiene sentido que al extinguirse la personalidad desaparezca también su capacidad de decisión sobre sus datos personales y, en consecuencia, el ámbito de protección».

podrán dirigir a quien ejerce la libertad de información las personas vinculadas al fallecido y ejercitar los derechos de acceso, rectificación o supresión[221]. En cuanto a la posibilidad de rectificación y supresión de las noticias que traten los datos de los fallecidos, habrá que estar a la misma regulación que si se tratara de personas vivas.

Respecto a los menores de edad, se aplica de nuevo la normativa general. No podrán los medios de comunicación tratar los datos de los menores de edad sin el requisito del consentimiento en los términos que establece el art. 7 LOPDGDD. Si es mayor de catorce años bastará su sólo consentimiento, salvo que el *«acto o negocio jurídico»*[222] requiera que estén asistidos de quienes ostenten la patria potestad o tutela. Y si es menor de catorce años, es necesario el consentimiento del menor y de los titulares de la patria potestad o tutela[223]. En el RGPD, el consentimiento de los menores de edad está previsto en el art. 8, donde se establece la edad de 16 años para prestarlo solos. Y ello sin perjuicio de que *«Los Estados miembros podrán establecer por ley una edad inferior a tales fines, siempre que esta no sea inferior a 13 años»*[224]. Pero, en cualquier caso, «más allá del debate acerca del criterio cronológico de la edad (…), lo realmente significativo será cómo dar efectivo cumplimiento a dicha normativa»[225].

---

221 LOPDGDD, art. 3: «*1. Las personas vinculadas al fallecido por razones familiares o de hecho así como sus herederos podrán dirigirse al responsable o encargado del tratamiento al objeto de solicitar el acceso a los datos personales de aquella y, en su caso, su rectificación o supresión. Como excepción, las personas a las que se refiere el párrafo anterior no podrán acceder a los datos del causante, ni solicitar su rectificación o supresión, cuando la persona fallecida lo hubiese prohibido expresamente o así lo establezca una ley. Dicha prohibición no afectará al derecho de los herederos a acceder a los datos de carácter patrimonial del causante*».

222 LOPDGDD, art. 7.

223 Parafraseado del art. 7 LOPDGDD.

224 RGPD, art. 8.

225 DE LAS HERAS VIVES, L. Y DE VERDA Y BEAMONTE, J. R., «Artículo 7. Consentimiento de los menores de edad», en ARENAS RAMIRO, M. (dir.) y ORTEGA GIMÉNEZ, A. (dir.), *Protección de datos: comentarios a la Ley orgánica de Protección de Datos y Garantía de Derechos Digitales (en relación con el RGPD),* Sepín, Madrid, 2019, p. 76.

d) Sobre la recogida de los datos obrantes en el fichero y el tratamiento de los mismos, entendemos que es de aplicación la normativa general, pero aquí sí encontramos excepciones periodísticas. De este modo, los datos personales deben ser tratados *«de manera lícita, leal y transparente»*[226]. Ha de tenerse en cuenta que la licitud se refiere a la exigencia, como regla general, del consentimiento del titular de los datos con las excepciones previstas en el art. 6 RGPD. En concreto, la licitud implica, o bien la prestación del consentimiento o, en caso contrario, que concurra cualquiera de los supuestos del citado artículo y entre ellos podríamos considerar incluida la actividad informativa cuando habla de que el tratamiento resulte necesario *«para la satisfacción de intereses legítimos»*[227] o *«para el cumplimiento de una misión realizada en interés público»*[228]. Al interés público se refiere también el art. 8.2 LOPDGDD, del que se señala que es aquel interés que *«derive de una competencia atribuida por una norma con rango de ley»*[229], como es el supuesto del derecho fundamental a la libertad de información, que encuentra su regulación en el art. 20.1 d) CE.

La idea de que en el concepto de «interés legítimo» se puede encontrar la actividad periodística, la confirma un grupo de trabajo de la UE[230]. Este grupo, refiriéndose a la derogada Directiva 95/46/CE, señala una lista de actividades que entrarían dentro del concepto de interés legítimo, y entre ellas hace referencia, en primer lugar, al *«ejercicio del derecho de libertad de expresión o información, incluidas las situaciones en las que se ejerza dicho derecho en los medios de comunicación»*[231]. No obstante, consideramos que encuentra mejor encaje la actividad periodística en la referencia que la normativa general realiza al «interés público».

---

226 RGPD, art. 5.1 a).

227 RGPD, art. 6.1 f).

228 RGPD, art. 6.1 e).

229 LOPDGDD, art. 8.2.

230 GRUPO DE TRABAJO DEL ARTÍCULO 29.

231 GRUPO DE TRABAJO DEL ARTÍCULO 29, *Dictamen 6/2014 sobre el concepto de interés legítimo del responsable del tratamiento de los datos en virtud del artículo 7 de la Directiva 95/46/CE*, UE, 2014, p. 30. En la p. 29 señala, refiriéndose a la lista de actividades incluidas en el citado concepto, que *«es una lista no exhaustiva»* que puede incluir más actividades.

e) Y, a su vez, los datos deben ser *«recogidos con fines determinados»*[232], fines que pueden ser informativos. Es decir, que los datos personales pueden haber sido recopilados por quienes ejercen la libertad de información sin el consentimiento del titular[233], resultado de la labor periodística[234] (por ejemplo, obtenidos a través de redes sociales sin vulnerar otros derechos). Y aunque el consentimiento es uno de los principios rectores del tratamiento de datos[235], el propio Reglamento establece como excepción, para que no sea necesario el mismo, el que se realice *«con fines periodísticos»*[236]. Entendiendo que bastaría la finalidad periodística para evitar la obtención del consentimiento expreso del titular de los datos que lógicamente, como ya hemos expuesto, sería difícil de obtener y, además, haría inútil ciertas informaciones.

Sin embargo, para que el tratamiento de datos, recogidos sin consentimiento, sea lícito, consideramos necesario que se ejerza una función de *«interés público»*[237], entendiendo por tal, de conformidad con el art. 8.2 LOPDGDD *«cuando derive de una competencia atribuida por una norma con rango de ley»*[238]. Es decir, la libertad de información regulada en la Constitución.

Por tanto, el derecho a la protección de datos cede ante la libertad de información cuando los datos obtenidos por quienes ejercen dicha libertad lo hayan sido sin consentimiento del titular y se elabore con ellos una noticia, en el ejercicio de la libertad de información, que resulte de interés público; bien porque la noticia tenga relevancia pública, aunque no la tenga la persona a la que se refiera; o porque tenga relevancia pública la persona objeto de la información. Y a su

---

232 RGPD, art. 5.1 b).

233 El consentimiento es la regla general que impera en la normativa, tal y como se desprende del art. 6 RGPD. *Vid.* ADSUARA VARELA, B., «X. El consentimiento», en PIÑAR MAÑAS, J. L. (dir.), *Reglamento general de protección de datos. Hacia un nuevo modelo europeo de privacidad,* Reus, Madrid, 2016, pp. 151-169.

234 En el sentido de ejercicio de la libertad de información.

235 *Vid.* art. 6 LOPDGDD.

236 RGPD, art. 85.

237 RGPD, art. 6 y LOPDGDD, art. 8.2.

238 LOPDGDD, art. 8.2.

vez, de toda la normativa general resulta que «lo publicado no debe desvelar innecesariamente datos personales o datos que no resulten significativos para la información»[239].

f) En el tratamiento de los datos, los periodistas deben tener en cuenta otros principios que están recogidos en la normativa general, si bien con algunas excepciones.

Estos principios exigen que los datos que traten sean *«exactos y, si fuera necesario actualizados»*[240], adoptándose *«todas las medidas razonables para que se supriman o rectifiquen sin dilación los datos»*[241] que sean inexactos. Este «principio de exactitud exige dos condiciones para su cumplimiento. Por una parte, que los datos personales estén al día (…) actualizados y no respondan a una situación anterior a la de recogida de los mismos y, por otra, que sean exactos»[242], es decir, reales.

En cuanto al principio de exactitud, es lógica la exigencia de veracidad de los datos, en el sentido de verdad objetiva; que éstos coincidan con la realidad del titular de los mismos. No obstante, debemos tener en cuenta que el ejercicio de la libertad de información exige veracidad subjetiva, tal y como ha venido manteniendo nuestra jurisprudencia. Es decir, que la información sea veraz, concepto jurídico que no se puede identificar con información verdadera.

Aun así, consideramos aplicable la normativa general, en este punto, a la labor periodística. Y, por tanto, nos podemos enfrentar a una noticia que trate datos inexactos, pero cuyo sujeto emisor los ha usado en el ejercicio de su derecho a la libertad de información. Dicha inexactitud debemos afrontarla desde dos perspectivas. Por un lado, el tratamiento de los datos inexactos está amparado por la normativa general y deben ser rectificados lo antes posible para adaptarlos a la

---

239 PAUNER CHULVI, C., «La libertad de información como límite al derecho a la protección de datos personales: la excepción periodística», *Teoría y realidad constitucional*, UNED, 2015, p. 389.

240 RGPD, art. 5.1 d) y LOPDGDD, art. 4.1.

241 RGPD, art. 5.1 d) y LOPDGDD, art. 4.2.

242 GARRIGA DOMÍNGUEZ, A., «Artículo 4. Exactitud de los datos», en ARENAS RAMIRO, M. (dir.) y ORTEGA GIMÉNEZ, A. (dir.), *Protección de datos: comentarios a la Ley orgánica de Protección de Datos y Garantía de Derechos Digitales (en relación con el RGPD)*, Sepín, Madrid, 2019, pp. 63-65.

realidad, a la verdad objetiva que es la que prima. Y, por otro lado, y sin ser incompatible con lo anterior, quien ejerce la libertad de información está amparado por la verdad subjetiva o veracidad, lo que implica que, si ha ejercido su derecho fundamental con los requisitos jurisprudencialmente exigidos de comprobación de la veracidad objetiva con la diligencia debida, no incurrirá en ningún tipo de responsabilidad. Por tanto, prima la verdad objetiva debiendo adaptarse la noticia a ella; y, sin embargo, la veracidad ampara a quien ejerce la libertad de información, que habrá actuado con la diligencia exigida por la jurisprudencia constitucional.

En cuanto al principio de actualización, está íntimamente unido a la exactitud, toda vez que esos datos tratados en una noticia puede que fueran ciertos en un momento anterior a su recogida o a su tratamiento, pero si ahora no lo son, la consecuencia es que la noticia no responde a la realidad, no estaremos ante una veracidad objetiva. También esa noticia desactualizada debe ser rectificada aplicando la normativa general.

g) En garantía de estos principios de exactitud y actualización, la normativa otorga derechos a los titulares de los datos, como son el derecho de rectificación y el derecho de supresión o derecho al olvido. Este último contiene una excepción periodística expresa para la conciliación del derecho a la protección de datos y la libertad de información. Así:

- El derecho de rectificación está regulado en los arts. 4 y 14 de la LOPDGDD. En el art. 4 se regula la rectificación de oficio, debiendo realizarse ésta con celeridad. «Esta obligación debe ser cumplida con suma diligencia y, desde el momento en que se tiene conocimiento de la existencia de un dato inexacto, hay obligación de modificarlo y corregirlo en el mínimo tiempo posible»[243]. Por su parte, en el art. 14 LOPDGDD[244] se regula la rectificación a instancia del interesado, señalando el precepto los requisitos necesarios para su ejercicio. Asimismo, el Reglamento regula este derecho en el art. 16, siendo tam-

---

243 Garriga Domínguez, A., obra cit., p. 64.

244 LOPDGDD, art. 14: «Al ejercer el derecho de rectificación reconocido en el artículo 16 del Reglamento (UE) 2016/679, el afectado deberá indicar en su solicitud a qué datos se refiere y la corrección que haya de realizarse. Deberá acompañar, cuando sea preciso, la documentación justificativa de la inexactitud o carácter incompleto de los datos objeto de tratamiento».

bién bastante escueto en su redacción. No obstante, el Reglamento incluye en el mismo precepto tanto el derecho de rectificación como la posibilidad de actualización de los datos.

El derecho de rectificación, que incluye a su vez el *«derecho a que se completen los datos personales que sean incompletos»*[245], es una de las facultades que integran el contenido del derecho a la protección de datos que, aunque no ha variado su contenido, «el avance de las nuevas tecnologías y la digitalización de la sociedad y de las empresas ha requerido la revisión y adaptación de la normativa a la nueva Era digital, incluyendo (…) la adición de nuevos derechos»[246], entre los que se encuentran los examinados en este apartado.

El derecho de rectificación permite a la persona controlar sus datos y que éstos siempre respondan a la verdad objetiva. Es decir, que, de oficio o a su instancia, se eliminen los datos falsos. Este derecho de rectificación, como hemos puesto de manifiesto, no recoge ninguna excepción periodística. No obstante, entendemos que la conciliación entre los derechos a la protección de datos y a la libertad de información imponen que este derecho no pueda ejercitarse, *a priori,* antes de que la noticia se haya publicado. Y ello porque sería contrario, al menos, al propio contenido del derecho fundamental a la libertad de información que prohíbe cualquier *«tipo de censura previa»*[247].

- El derecho de supresión está regulado en el art. 15 LOPDGDD, que remite para su ejercicio a la regulación contenida en el art. 17 RGPD, y al que también denomina derecho al olvido. Sin embargo, este derecho sí contiene de manera expresa una excepción periodística, toda vez que el mismo no podrá ejercerse por el titular de los datos cuando el tratamiento se ha realizado en el ejercicio del *«derecho a la libertad de expresión e información»*[248]. Por tanto, una noticia

---

245 Disponible en: https://www.aepd.es/derechos-y-deberes/conoce-tus-derechos/derecho-de-rectificacion.(Consulta: 29/01/24).

246 ÁLVAREZ CARO, M., «XIV. El derecho de rectificación, cancelación, limitación del tratamiento, oposición y decisiones individuales automatizadas», en PIÑAR MAÑAS, J. L. (dir.), *Reglamento general de protección de datos. Hacia un nuevo modelo europeo de privacidad,* Reus, Madrid, 2016, pp. 229-230.

247 *Vid.* art. 20.2 CE: *«El ejercicio de estos derechos no puede restringirse mediante ningún tipo de censura previa».*

248 RGPD, art. 17.3 a).

elaborada por quienes ejercen la libertad de información, cuyos datos se hayan obtenido sin el consentimiento de su titular y que verse sobre persona pública o sea de interés público, no podrá eliminarse si los datos son exactos. Y es aquí cuando surge el problema de que dicha noticia, con datos reales, no ofrezca una visión de nosotros mismos acorde con nuestra identidad. Entendiendo la identidad en el sentido que hemos venido exponiendo, de lo que pensamos de nosotros, lo que los demás piensan y la realidad que queremos mostrar/ofrecer a los demás.

Aunque el art. 15 LOPDGDD contiene el reconocimiento general al derecho al olvido, la regulación concreta está prevista en los arts. 93 y 94 de la Ley Orgánica:

- Un derecho al olvido en redes sociales y servicios equivalentes, regulado en el art. 94 LOPDGDD: que prevé la supresión de datos personales que los interesados, o terceros, hayan aportado a la red. Este precepto, como el resto de su articulado y del RGPD, no se aplica cuando las redes sociales son usadas por particulares para actividades exclusivamente personales; personas físicas que no realizan, por ejemplo, una actividad periodística —que no ejerzen el llamado periodismo ciudadano—. En ese supuesto jugaría la llamada excepción doméstica, toda vez que el RGPD no se aplica al tratamiento de los datos que un particular realiza en redes sociales si es *«en el ejercicio de actividades exclusivamente personales o domésticas»*[249].

En la actualidad nos encontramos con redes sociales usadas por los medios de comunicación para interactuar con los usuarios y acercar sus noticias a la ciudadanía. Pero, también, con usuarios que actúan de periodistas, ejerciendo el llamado periodismo ciudadano, al que venimos refiriéndonos. Si los ciudadanos actúan en el ejercicio de la libertad de información no sería de aplicación la excepción doméstica.

En todo caso, para que proceda este borrado de datos en redes sociales es necesario que los datos sean *«inadecuados, inexactos, no pertinentes, no actualizados o excesivos o hubieren devenido como tales por el transcurso del tiempo, teniendo en cuenta los fines para los que se recogieron o trataron, el tiempo transcurrido y la naturaleza e interés público de la información»*[250].

---

249 RGPD, art. 2.2 c).

250 LOPDGDD, art. 94.2.

- Un derecho al olvido en las búsquedas de internet, regulado en el 93 LOPDGDD y que sólo permite que se supriman, de las listas de resultados de los motores de búsqueda, los enlaces que contengan información de una persona, si bien únicamente cuando la búsqueda se ha realizado por el nombre[251], y cuando los enlaces sean *«inadecuados, inexactos, no pertinentes, no actualizados o excesivos o hubieren devenido como tales por el transcurso del tiempo»*[252]. Este artículo reproduce la jurisprudencia europea y nacional sobre el derecho al olvido[253] y, por tanto, sólo elimina datos de los motores de búsqueda, pero no la información de los sitios web, y tampoco los enlaces si la búsqueda se hace con un criterio distinto al nombre[254]. En todo caso, en este punto se aplica la excepción periodística, prevaleciendo la libertad de información cuando el tratamiento sea necesario para ejercer este derecho.

3.2.2. Acercamiento al derecho comparado. «Journalistic exemption» en el Reino Unido

La inclusión de la excepción periodística en las normativas de los países miembros de la UE es dispar. En la actualidad, como ya ocurría en aplicación de la anterior Directiva[255], gran parte de los Estados

---

251 Parafraseado del art. 93 LOPDGDD.

252 LOPDGDD, art. 93.

253 STJUE, Gran Sala, de 13 de mayo de 2014, asunto Google Spain y Google Inc. contra AEPD y otro. Y STC, Sala 1.ª, 58/2018, de 4 de junio.

254 Parafraseado del art. 93.2 LOPDGDD.

255 *Vid.* PAUNER CHULVI, C., obra cit., p. 386. Esta autora realiza un estudio sobre la aplicación de la excepción periodística en los países de la UE. Estudio publicado en el año 2015 y, por tanto, anterior al vigente RGPD, pero que no ha perdido virtualidad. En él se afirma que «Las legislaciones nacionales de los Estados miembros van desde el reconocimiento de la primacía general de la libertad de expresión mediante amplias excepciones a los medios limitándose a imponerles el cumplimiento de las medidas de seguridad de los ficheros y las normas sobre responsabilidad como ocurre en Dinamarca, Finlandia o Suecia hasta aquellos sistemas que someten a la información periodística a restricciones previas con el objetivo de salvaguardar el derecho de *habeas data* de los particulares como es la situación actual en Hungría, Eslovenia o Eslovaquia pasando por países que aprovechan códigos deontológicos para encontrar un equilibrio entre las exigencias de protección de datos y la libertad de expresión e información como es el caso de Alemania, Italia o Reino Unido. Alemania los emplea para contra-

miembros la incluyen, con mayor o menor amplitud; si bien hay otros países, entre ellos Croacia o España[256], que no la regulan en su normativa sobre protección de datos, ni remiten a un texto posterior para su tratamiento.

No obstante, merece especial atención la normativa del Reino Unido. Aunque ya no forme parte de la UE, siguen aplicando el RGPD con algunas modificaciones[257], y posee una regulación muy detallada de la excepción periodística. Su legislación sobre protección de datos, Data Protection Act 2018 (DPA 2018)[258], establece en su art. 124 que la Oficina del Comisionado de Información (ICO)[259] debía elaborar un código sobre protección de datos y periodismo e indicaba las pautas para su desarrollo[260]. El ICO elaboró el citado proyecto —«Draft data protection and journalism code of practice»[261]—, que, tras su paso por

---

rrestar algunas excepciones muy amplias mientras que los códigos de prensa en Italia y Reino Unido puntualizan las generosas exenciones de su normativa sobre protección de datos en un sentido más restrictivo».

256 Como ya ocurría con la aplicación de la excepción prevista en la Directiva. *Vid.* Pauner Chulvi, C., obra cit., p. 385.

257 Data protection and journalism code of practice, Reference notes, p. 4 «*Following the UK's exit from the European Union (EU), the EU GDPR was incorporated into UK law, with amendments so that it works in a UK-only context*». Disponible en: https://ico.org.uk/media/for-organisations/documents/4025761/data-protection-and-journalism-code-reference-notes-202307.pdf. (Consulta: 1/03/24).

258 Disponible en: https://www.legislation.gov.uk/ukpga/2018/12/section/124/enacted. (Consulta: 3/03/24).

259 El ICO es la autoridad nacional de protección de datos en el Reino Unido.

260 Art. 124 DPA « *(1) The Commissioner must prepare a code of practice*». Disponible en: https://www.legislation.gov.uk/ukpga/2018/12/section/124/enacted. (Consulta: 9/02/24).

261 Draft data protection and journlism, 2022, p. 10 «*1. Apply the journalism exemption at a glance There is an exemption in data protection law to protect freedom of expression and information in journalism, academic activities, art and literature. When the criteria for using the exemption is met, you do not have to comply with many of the usual requirements of data protection law. You must always comply with the key data protection principles of accountability and security. The exemption applies if you: o use personal data for journalism; o act with the intention or hope of publishing journalistic material; o reasonably believe publication is in the public interest; and o reasonably believe that complying with a specific part of data protection law is incompatible with journalism. You should interpret journal-*

el Parlamento en noviembre de 2023, se ha convertido en el actual «Data protection and journalism code of practice»[262] (Código de buenas prácticas)[263] e incluye todas las exigencias del art. 124 DPA.

Sin embargo, la DPA no contiene la regulación pormenorizada de la excepción periodística (journalistic exemption), sino que remite a una norma posterior su concreción, fijando los criterios para su elaboración. Las imposiciones establecidas en el art. 124 DPA, y que fueron tenidas en cuenta por el ICO para elaborar su proyecto de Código de buenas prácticas, eran: [a] incluir una guía práctica en relación con el tratamiento de datos personales para fines periodísticos, de conformidad con los requisitos de la legislación sobre protección de datos, y b) cualquier otra orientación que el ICO considerase apropiada para promover las buenas prácticas en el tratamiento de datos personales para fines periodísticos][264]. De este modo, tanto la DPA como el pro-

---

ism broadly. The exemption can cover all the personal data you use for journalism as long as you have the intention or hope of publishing it. A "reasonable belief" is one you are able to justify in a reasonable way. Deciding what is "in the public interest" involves considering the circumstances, balancing arguments for and against, and judging how the public interest is best served overall. The exemption applies if you reasonably believe that a specific part of data protection law must or should be set aside because complying with it disproportionately restricts your journalistic activity». Disponible en: https://ico.org.uk/media/about-the-ico/consultations/4021635/ico-draft-data-protection-and-journalism-code-of-practice-second-consultation-21092022.pdf. (Consulta: 29/02/24).

262 Disponible en: https://ico.org.uk/media/for-organisations/documents/4025760/data-protection-and-journalism-code-202307.pdf. (Consulta: 20/03/24).

263 *Vid.* Data protection and journalism code of practice 2023. Memorandum. Disponible en: https://www.gov.uk/government/publications/explanatory-memorandum-to-the-data-protection-and-journalism-code-of-practice-2023/explanatory-memorandum-to-the-data-protection-and-journalism-code-of-practice-2023. (Consulta: 20/03/24).

264 Traducción del art. 124 DPA: « *(1) The Commissioner must prepare a code of practice which contains— (a) practical guidance in relation to the processing of personal data for the purposes of journalism in accordance with the requirements of the data protection legislation, and (b) such other guidance as the Commissioner considers appropriate to promote good practice in the processing of personal data for the purposes of journalism. (2) Where a code under this section is in force, the Commissioner may prepare amendments of the code or a replacement code. (3) Before preparing a code or amendments under this section, the Commissioner must consult such of the following as the Commissioner considers appropriate— (a)trade associations; (b)data subjects; (c)persons who appear to*

yecto de Código de buenas prácticas están cumpliendo con la imposición del art. 85 RGPD, que remitía a los legisladores nacionales la elaboración de normas para la conciliación del derecho a la protección de datos y el derecho a la libertad de información.

El llamado Código de buenas prácticas [está dirigido principalmente a los medios de comunicación y agencias de prensa, pero también a los periodistas independientes][265], sin hacer referencia al periodismo ciudadano[266]. Además, existen las Notas de referencia del Código[267] que no forman parte del mismo, que están ubicadas en un documento aparte, pero que ayudan a comprender el Código explicando detalladamente algunas cuestiones difíciles e, incluso, introduciendo ejemplos para una mayor comprensión. A su vez, el Código comienza con un Prólogo en el que destaca la necesidad de su existencia [como consecuencia de la revolución tecnológica que vivimos y de la avidez de noticias que tenemos; pero, sobre todo, de saber que las noticias son ciertas, precisas][268].

---

the Commissioner to represent the interests of data subjects. (4)A code under this section may include transitional provision or savings. (5) In this section— "good practice in the processing of personal data for the purposes of journalism" means such practice in the processing of personal data for those purposes as appears to the Commissioner to be desirable having regard to— the interests of data subjects and others, including compliance with the requirements of the data protection legislation, and (b) the special importance of the public interest in the freedom of expression and information; "ttrade association" includes a body representing controllers or processors». Disponible en: https://www.legislation.gov.uk/ukpga/2018/12/section/124/enacted. (Consulta: 29/02/24).

265 Traducción del Código de buenas prácticas, p. 4: «The code is mainly for media organisations and journalists using personal information for journalism. This includes press agencies and freelance journalists providing stories to media organizations».

266 Consideramos que el Código también sería de aplicación al periodismo no profesional, por no excluirlo expresamente.

267 Disponible en: https://ico.org.uk/media/for-organisations/documents/4025761/data-protection-and-journalism-code-reference-notes-202307.pdf. (Consulta: 20/03/24).

268 Traducción de un fragmento del Prólogo. *Vid.* Código de buenas prácticas, Prólogo, p. 3: «*With so much more information at our fingertips, rapid changes to technology, and concern about access to accurate information, trusted journalism has never been more important. A free media is at the heart of any healthy democracy – keeping us informed, encouraging debate and opinion,*

El Código de buenas prácticas dedica a la aplicación de la exención periodística su art. 13. Se completa, ampliamente, por el art. 13 de las Notas de referencia del Código[269], que es el artículo más amplio de las mismas y que, para lograr la conciliación entre la protección de datos y la libertad de información, permite no aplicar la normativa general en numerosos supuestos.

Comienza señalando el art. 13 del Código que [con carácter general, hay que cumplir con los requisitos de la ley de protección de datos cuando se utiliza información personal para la actividad periodística. Sin embargo, se puede aplicar la exención periodística cuando se cumplan ciertos requisitos. Y en ese caso, ya no hay que cumplir con las disposiciones de la ley de protección de datos, pudiendo aplicar la exención a la mayoría de los requisitos exigidos en la ley, que están especificados en cada sección y que se pueden ver en el

---

and entertaining us. It is a crucial part of the fundamental right to freedom of expression and information. A free media is also often called the public's watchdog because of its role in uncovering wrongdoing and holding the powerful to account. In 2011-2012, the Leveson Inquiry examined the media's own power, finding that there was a culture of unethical practices in parts of the press. This followed evidence of unlawful information gathering by some media organisations. The crucial public interest role served by the media and its power is the reason journalism is covered by data protection law. The law includes important provisions that enable journalism, whilst also protecting people by ensuring that personal information is used lawfully. As required by Parliament, I have produced this code to help the media apply data protection law in a journalism context. It builds upon guidance for the media we published in 2014 following a recommendation from the Leveson Inquiry. Constructive feedback from a wide range of stakeholders, including industry representatives, media organisations, civil society, lawyers and academics has shaped the code from the beginning and at each stage of the consultation process. I am grateful to everyone who helped develop this code and complete what is rightly a challenging task. I understand that there will always be strongly held views and convictions whenever fundamental rights are concerned. I believe this is a clear and practical code, which strikes the right balance between supporting journalists' work and protecting people's personal information. By continuing to work with industry and others, the code will make an important contribution, complement existing industry codes and help build public trust in journalism. Ultimately, that will support the vital public interest journalism serves».

269 Vid. Código de buenas prácticas, Notas de referencia, pp. 34-46. El art. 13 lleva por rúbrica «Apply the journalism exemption».

art. 13.3 de las Notas de referencia][270]. Entre otros supuestos previstos en este último precepto, no se aplica la normativa general en los siguientes[271]:

- No se necesita obtener el consentimiento[272] del titular de los datos, en los términos del art. 7 de su Reglamento. No obstante, esta exención ya la encontramos en la normativa general de nuestro Reglamento en la que se permite, como dijimos, el tratamiento de datos sin el consentimiento del titular *«para la*

---

270 Traducción del Código de buenas prácticas, art. 13, p. 37, que afirma que «*13. 1 You must generally comply with the requirements of data protection law when you use personal information for journalism. In a lot of cases this is straightforward. 13.2 You can, however, apply the journalism exemption when you meet certain criteria. When you apply it, you no longer have to comply with specific requirements of data protection law. 13.3 You can apply the exemption to most requirements as specified in the highlighted boxes at the start of each section of this code (see 13.3 in Reference notes)*».

271 *Vid.* Código de buenas prácticas, Notas de referencia, art. 13.3, p. 34, que establece todas las exenciones: «*Parts of data protection law that you no longer have to comply with when the journalism exemption applies The journalism exemption can remove the usual requirements to comply with the following parts of the UK GDPR listed in Schedule 2 Part 5 paragraph 26(9) of the DPA 2018: Article 5(1)(a) to (e) – the UK GDPR's principles, apart from the security and accountability principles. Article 6 – requirement to satisfy a lawful basis for processing Article 7 – conditions for consent. Article 8(1) and (2) – conditions for children's consent. Article 9 – rules relating to special category data. Article 10 – rules relating to criminal offence data. Article 11(2) – specific rules regarding informing people when their personal data has been anonymised. Article 13(1) to (3) – requirement to provide privacy information to people when you have collected data directly from the data subject. Article 14(1) to (4) – requirement to provide privacy information to people when you have not collected data directly from the data subject. Article 15(1) to (3) – right of access. Article 16 – right to have inaccurate or incomplete data rectified. Article 17(1) and (2) – right to erasure (the right to be forgotten). Article 18(1)(a), (b) and (d) – right to restrict processing. Article 19 – requirement to inform third parties to whom data has been disclosed of a rectification, erasure or restriction. Article 20(1) and (2) – right to data portability. Article 21(1) – right to object to processing (except for direct marketing). Article 34(1) and (4) – requirement to inform data subjects of a data security breach. Article 36 – requirement to consult the ICO prior to any high-risk processing. Article 44 – general principles for international transfers*».

272 *Vid.* Código de buenas prácticas, Notas de referencia, art. 13.3.

satisfacción de intereses legítimos»[273], o *«para el cumplimiento de una misión realizada en interés público»*[274].

– Tampoco es aplicable la normativa general en cuanto al derecho de rectificación de los datos inexactos o incompletos[275]. En la normativa española y europea no se establece esta excepción respecto al derecho de rectificar datos para que concuerden con la verdad objetiva.

– Y en cuanto al derecho de supresión[276], no se aplica la normativa general. Su art. 17 del Reglamento es el mismo que el aplicable al resto de la UE, en cuanto a establecer como excepción que no se aplicará este derecho cuando se ejerza el derecho a la libertad de información[277].

Sin embargo, para aplicar estas exenciones se debe cumplir con unos criterios que están explicados con detalle en el Código y, sobre todo, en sus Notas de referencia. Y así se necesita [utilizar los datos personales con fines periodísticos; actuar con la finalidad de publicar la información; creer razonablemente que la publicación será de interés público; y creer razonablemente que cumplir con una parte de la ley de protección de datos sería incompatible con la finalidad periodística][278]. Aunque la finalidad periodística y que la publicación sea de interés público es también aplicable en el ordenamiento jurídico español, sin embargo, es relevante que en este caso lo que se exige no es que sea de interés público, sino que el periodista tenga la «creencia

---

273 RGPD, art. 6.1 f).

274 RGPD, art. 6.1 e).

275 *Vid.* Código de buenas prácticas, Notas de referencia, art. 13.3.

276 *Idem.*

277 Disponible en: https://ico.org.uk/for-organisations/uk-gdpr-guidance-and-re-sources/individual-rights/individual-rights/right-to-erasure/. (Consulta: 3/03/24).

278 Traducción del art. 13.4 del Código de buenas prácticas, p. 37: *«To apply the exemption, you must: use personal information for a journalistic purpose; act with a view to the publication of journalistic material; reasonably believe publication would be in the public interest; and reasonably believe that complying with a part of data protection law would be incompatible with your journalistic purpose».*

razonable»[279] de que es de interés público. En cualquier caso, observamos que este Código es más exhaustivo, técnicamente más incisivo que nuestra LOPDGDD.

En esta línea de incidir en los detalles, el Código explica qué significa, entre otros, el concepto de «creencia razonable». Afirma que implica, por un lado, que [el periodista considere que existe interés público en la noticia que está elaborando y, por otro, que tenga el convencimiento de que si cumpliera con la normativa general de protección de datos no podría ejercer su actividad periodística, su derecho a la libertad de información; y, además, tiene que poder justificar su punto de vista, de manera que si el periodista tuviera que explicar que significa para él «creencia razonable», en el supuesto concreto al que se refiere su información, cualquier persona podría darle la razón y considerar que su opinión es objetivamente razonable. Pero, en cualquier caso, una «creencia razonable» incluye un punto discrecional, que es una parte esencial del ejercicio periodístico][280].

A su vez, los arts 13.15 y 13.17 de las Notas de referencia completan este concepto. Así, el art. 13.15 nos ayuda a entender cuándo estamos ante una «creencia razonable». Y así, [debemos tener en cuenta una serie de requisitos que pueden resultarle útiles a los periodistas, como que éstos tengan suficiente información relevante y fiable para tomar una decisión razonable, equilibrada y proporcionada. Que la decisión razonable no puede basarse en criterios subjetivos, sino objetivos. Que no es necesario demostrar que la publicación es de interés público o que cumplir con una parte específica de la ley de protección de datos sería incompatible con el periodismo. Y que tampoco

---

279 *Idem*.

280 Traducción de los arts. 13.15, 13.16 y 13.17 del Código de buenas prácticas, p. 38: «*Reasonably belief. 13.15 Your reasonable belief for the purposes of the journalism exemption concerns whether: you reasonably believe there is a public interest in publication; and complying with part of data protection law is incompatible with your journalistic purpose. 13.16 Having a reasonable belief involves forming your own view on the points in 13.15 above. You should, however, be able to justify your view so that another reasonable person would consider that it is objectively reasonable. Forming a reasonable belief can include editorial discretion, which is an essential part of the journalistic exercise (see example 19 and example 20 in Reference notes). 13.17 When considering how you would demonstrate that you made a reasonable decision, you should decide what is appropriate depending on the circumstances, especially the level of risk*».

es necesario que llegue a la misma conclusión que nosotros un juez, porque puede haber muchos puntos de vista que pueden ser razonables][281]. A su vez, el art. 13.17 nos ayuda a demostrar que la «creencia es razonable» y se puede realizar de diversas maneras, entre otras: [tener claro el procedimiento por el que se ha alcanzado esa «creencia razonable»; estar preparado para demostrar que siguió ese proceso y tener pruebas de todo ello][282].

Resulta interesante y novedoso el que establezca límites a la interpretación que pueden realizar los Tribunales sobre este término de «creencia razonable». Algo impensable —así lo creemos— en nuestro ordenamiento jurídico. Se señala, en efecto, que [no es competencia del juez sustituir lo que el periodista ha considerado creencia razonable por su postura sobre lo que significa. Y tampoco es necesario demostrar que la publicación es de interés público o que cumple con una parte específica de la ley de protección de datos, porque ello

---

281 Traducción y parafraseado del art. 13.15 del Código de buenas prácticas, Notas de referencia, pp. 35-36: «*To make a decision that is objectively reasonable, factors you may find it helpful to consider include: Data protection and journalism code of practice: reference notes 36 • whether you have enough relevant and reliable information to make a reasonable decision; and • what weight to give to the information you decide to take into account to help you to make a balanced, proportionate decision. In considering whether your belief is reasonable, it is not our role or a judge's to disregard your decision lightly or substitute their own belief in place of yours. They will only consider the reasonableness of your belief on an objective basis. You do not have to prove that publication is in the public interest or that complying with a specific part of data protection law would be incompatible with journalism. Nor do you need to arrive at the same conclusion as us or a judge. Different views may both be reasonable*».

282 Traducción y parafraseado del art. 13.17 del Código de buenas prácticas, Notas de referencia, p. 36: «*Demonstrating you have a reasonable belief There are different ways to demonstrate a reasonable belief. You may find it helpful to: have a clear policy or process explaining who can make the decision and how; be ready to demonstrate that you followed your policy or process, as well as any relevant industry codes or guidelines; and keep a record of your decision. The level of risk involved will help you consider what may be appropriate and proportionate. You might do this at a later stage, if more appropriate. What is relevant is your belief as the person with legal responsibility for personal information. However, you might decide to delegate responsibility for decisions to individual journalists, taking into account the level of risk. A policy may help you to be clear about who has the authority to make decisions*».

sería incompatible con el periodismo][283]. Es decir, que parece existir una especie de presunción *iuris tantum* de que la noticia es de interés público. Prevaleciendo la misma, los datos tratados en ella, sobre el derecho a la protección de datos. Ello a su vez puede resultar contradictorio con la afirmación de que [todos los derechos son iguales, ninguno prevalece sobre otro][284], a la que expresamente alude el Código en su art. 13.22.

No obstante, del examen íntegro del Código de buenas prácticas y de las Notas de referencia del mismo se desprende, con claridad, un intento de equilibrio entre ambos derechos fundamentales. Pero para ello, debido a la amplísima normativa en materia de protección de datos que haría inviable el ejercicio de la libertad de información, otorgan preferencia a esta última; evidentemente cumpliendo con todos los requisitos regulados en la normativa aplicable, entre los que destaca el interés público de la noticia. En cualquier caso, dichas normas parecen incidir en esta preferencia de la actividad periodística sobre la protección de datos personales, al menos como presunción a favor del periodista de una correcta utilización de la «journalistic exemption». Y ello es consecuencia de considerar a «los medios de comunicación libres como el núcleo de una democracia sana, toda vez que nos mantienen informados y fomentan el debate»[285]. Ayuda por lo tanto este Código a mejorar la relación entre periodistas y público, entre el derecho a la protección de datos y el derecho a la libertad de información y, sobre todo, contribuye [a generar confianza pública en el periodismo cuando éste se apoya en el concepto de interés público para el tratamiento de los datos personales que utiliza en sus noticias][286].

---

283 Traducción de un fragmento del art. 13.15 del *Código de buenas prácticas*, Notas de referencia, pp. 35-36.

284 Traducción del art. 13.22 del Código de buenas prácticas, p. 37: «*None of the rights protected by the HRA take precedence over others as a matter of principle*».

285 Traducción de un fragmento del Prólogo. *Vid. Código de buenas prácticas*, Prólogo, p. 3: «*A free media is at the heart of any healthy democracy – keeping us informed, encouraging debate and opinion*».

286 Traducción de un fragmento del Prólogo. *Vid. Código de buenas prácticas*, Prólogo, p. 3: «*believe this is a clear and practical code, which strikes the right balance between supporting journalists' work and protecting people's personal information. By continuing to work with industry and others, the code will make*

3.2.3. Examen de la conciliación en la jurisprudencia

Ante los retos tecnológicos que afectan a la protección de datos y a la libertad de información, teniendo en cuenta el contenido de la protección de datos, así como la excepción periodística prevista en el Reglamento —que no ha sido desarrollada ni en éste, ni en nuestra LOPDGDD—, se deja en manos de los Tribunales realizar el juicio de ponderación entre el derecho a la protección de datos y el derecho a la libertad de información. Creemos que los Tribunales deberían también fijar reglas generales, criterios hermenéuticos, que concilien[287] ambos derechos y, con ello, llenar el vacío existente ante el incumplimiento, por el legislador nacional, del mandato impuesto por el RGPD.

---

an important contribution, complement existing industry codes and help build public trust in journalism. Ultimately, that will support the vital public interest journalism serves».

287 Nos estamos refiriendo, en el presente trabajo, tanto a la conciliación como a la ponderación. Al respecto hemos de señalar que:
- Según la RAE, ponderar, en una de sus acepciones, es «equilibrar». Mientras que conciliar implica compatibilizar, armonizar, acomodar, coordinar...
- Que hablamos de conciliación, toda vez que es el término utilizado por el RGPD para evitar la aplicación íntegra de la normativa sobre protección de datos al ejercicio de la libertad de información. Por tanto, utiliza este concepto para intentar compatibilizar ambos derechos; y es en este sentido como lo entendemos en esta monografía, tratando de buscar la acomodación entre los derechos, sin prevalencia de uno sobre otro.
- Pero hablamos también de ponderación, toda vez que el TC resuelve la colisión entre derechos mediante la técnica de la ponderación. *Vid.*, entre otros, CHANO REGAÑA, L., «Ponderación (Tribunal Constitucional español)», *Eunomía. Revista en Cultura de la Legalidadc*, n.º 23, Universidad Carlos III de Madrid, Madrid, 2022, pp. 241-253, cuando afirma que la ponderación es una técnica para resolver «la colisión de dos derechos fundamentales en sentido estricto (arts. 14 a 29 CE). En estos casos el TC pone en cada extremo de la balanza un derecho fundamental e intenta justificar las razones que apoyan a uno u otro derecho a partir de la existencia de la finalidad legítima que podría llegar a justificar la restricción (...). No obstante, el TC tiende siempre a equilibrar o acomodar ambos derechos, buscando el equilibrio de las ventajas y desventajas para no llegar a excluir completamente el disfrute de un derecho fundamental».

3.2.3.1. El derecho al olvido digital como punto de inflexión

Es relevante la sentencia dictada por el Tribunal de Justicia de la Unión Europea —STJUE, Gran Sala, de 13 de mayo de 2014, asunto Google Spain y Google Inc. contra AEPD y otro[288]—, que regula el llamado derecho al olvido[289], así como la STC 58/2018, de 4 de junio[290], que incide y amplía este derecho que forma parte del contenido del derecho a la protección de datos; y que es clave en la regulación de la excepción periodística, en el intento de mejorar la conciliación entre protección de datos/libertad de información.

La importancia de la sentencia del TJUE estriba en que reconoce expresa y detalladamente un derecho a la supresión de datos, derecho al olvido, que recogía sucintamente la Directiva 95/46/CE en su art. 12[291]. Tanto la STJUE como la del TC suponen un punto de

---

288   Disponible en: https://curia.europa.eu/juris/document/document.jsf?docid=152 065&doclang=ES. (Consulta: 20/03/24).

289   Existe abundante doctrina sobre el contenido del derecho al olvido. Un sector doctrinal lo considera como «el derecho de los ciudadanos a que cierta información relativa a su persona y recogida en Internet sea borrada o suprimida cuando afecte a sus derechos fundamentales o cuando haya quedado obsoleta». Así lo afirma SALA LEDESMA, E., «Reseñas de jurisprudencia (enero-junio 2014) Unión Europea», *Ars Iuris Slamnticensis*, vol. 2, Universidad de Salamanca, Salamanca, diciembre 2014, p. 1. Otros autores, como LETURIA INFANTE, F. J., «Fundamentos jurídicos del derecho al olvido ¿un nuevo derecho de origen europeo o una respuesta típica ante colisiones entre ciertos derechos fundamentales?», *Revista chilena de derecho*, vol. 43, n.º 1, Universidad Católica de Chile, Santiago de Chile, pp. 91-113, afirman que es el derecho que «permite que ciertas informaciones del pasado no sean actualmente difundidas cuando son capaces de provocar más daños que beneficios». Postura que no compartimos, pues se trata de una afirmación genérica, y tendríamos que examinar cada caso concreto para llevar a cabo una adecuada ponderación, valorando el derecho que debe primar.

290   Disponible en: https://www.boe.es/diario_boe/txt.php?id=BOE-A-2018-9534. (Consulta: 7/03/24).

291   Algunos de los preceptos de la Directiva 95/46/CE fueron interpretados por la STJUE, Gran Sala, de 13 de mayo de 2014. Entre ellos, el art. 12 que establecía la posibilidad de solicitar al responsable del tratamiento la «*rectificación, supresión o bloqueo de los datos*» principalmente cuando tuvieran «*carácter incompleto o inexacto*». Este mismo derecho se encontraba regulado en nuestra LOPD. En este sentido, *Vid.* ARENAS RAMIRO, M., *El derecho fundamental a la protección de datos personales en Europa*, Tirant Lo Blanch, Valencia, 2006, p. 306: «Cuando el tratamiento de datos no se ajuste a las disposiciones de la Directiva y, sobre

inflexión en la conciliación de los derechos examinados, sobre todo, en este momento de revolución tecnológica en el que, comparándolo con la etapa inmediatamente anterior, «analógica», se produce una mayor colisión entre ellos. En el mundo digital, por la facilidad y rapidez de acceso a las noticias, así como por la posibilidad de hacerlo reiteradamente y en cualquier momento —si éstas permanecen en el tiempo y no se borran— se produce un mayor choque entre la libertad de información y la protección de datos que en el mundo analógico. Estas resoluciones arrojan más luz sobre la conciliación entre ambos derechos. Y, aunque con posterioridad, el derecho al olvido se regula, tanto en el Reglamento como en la LOPDGDD, no por ello pierden virtualidad; antes, al contrario, dotan de contenido y claridad al derecho.

Ambas sentencias asocian el derecho al olvido con los motores de búsqueda. Desde el inicio de la etapa digital, los motores de búsqueda son un punto clave de recogida de datos por los periodistas para elaborar sus noticias. Así se desprende de la STJUE, cuando en su apartado 36 afirma que *«es pacífico que esta actividad de los motores de búsqueda desempeña un papel decisivo en la difusión global de dichos datos en la medida en que facilita su acceso a todo internauta que lleva a cabo una búsqueda a partir del nombre del interesado»*[292]. Sin embargo, desde estas sentencias existe una mayor dificultad, toda vez que se va eliminando información de los buscadores e, incluso, de los motores de búsqueda internos de los periódicos. El camino lo inicia la STJUE:

- En ella se reconoce el derecho a pedir la cancelación de los enlaces a páginas que contengan información personal, siempre que la búsqueda se realice con el nombre del solicitante. Y «ello, aunque la información no sea borrada por quien la edita»[293], toda vez que la sen-

---

todo, cuando sean incompletos o inexactos, los Estados miembros deben garantizar (...) los derechos del interesado de rectificación y supresión o cancelación de los datos». Y pp. 498-499: «En España, la LOPD, reproduciendo lo previsto en la Directiva (...), considera que deben ser rectificados o cancelados los datos que no cumplan con los principios establecidos en la misma y que sean inexactos o incompletos».

292 STJUE, Gran Sala, de 13 de mayo de 2014, asunto Google Spain y Google Inc. contra AEPD y otro, apartado 36. Disponible en: https://curia.europa.eu/juris/document/document.jsf?docid=152065&doclang=ES. (Consulta: 4/03/24).

293 ÁLVAREZ CONDE, E. Y TUR AUSINA, R., obra cit., p. 395.

tencia no les obliga a ello y tampoco la normativa actual[294]. Este derecho no implica la supresión de noticias, únicamente el borrado de los enlaces a ellas en los motores de búsqueda y sólo cuando la búsqueda se efectúe por el *nombre del interesado*[295]. Estando de acuerdo con ello, toda vez que, insistimos, el respeto a la libertad de información es la base de un sistema democrático.

- Para introducir el derecho al olvido en el contenido del derecho a la protección de datos, el TJUE considera que es tratamiento de datos la actividad que realizan los motores de búsqueda, *«que consiste en hallar información publicada o puesta en Internet por terceros, indexarla de manera automática, almacenarla temporalmente y, por último, ponerla a disposición de los internautas según un orden de preferencia determinado»*[296].

- Es obligación de quien gestiona el motor de búsqueda eliminar los vínculos a las páginas web, *«también en el supuesto de que este nombre o esta información no se borren previa o simultáneamente de estas páginas web, y, en su caso, aunque la publicación en sí misma en dichas páginas sea lícita»*[297]. Ello implica que, si la información de las páginas web ha sido realizada en el ejercicio de la libertad de información y es veraz, la información es lícita y no se borrará, pero sí los enlaces a las mismas en búsquedas realizadas por el nombre.

- El motivo que aduce el Tribunal para el borrado resulta interesante, al afirmar que esa búsqueda nos ofrece una visión global de la persona. Cualquier usuario (y, por tanto, también quienes ejercen la libertad de información), en una búsqueda por el nombre, pueden obtener de la lista de resultados de los motores de búsqueda, *«una visión estructurada de la información relativa a esta persona que puede hallarse en Internet, que les permita establecer un perfil más o menos detallado del interesado»*[298]. Por tanto, los motores de búsqueda exponen la identidad digital de las personas, pudiendo *«afectar significati-*

---

294 *Vid.* art. 93 LOPDGDD.

295 STJUE, cit., apartado 36.

296 *Ibidem*, apartado 41.

297 *Ibidem,* apartado 62.

298 *Ibidem,* apartado 37.

vamente a los derechos fundamentales de respeto de la vida privada y de protección de datos personales»[299], toda vez que *«el efecto de la injerencia en dichos derechos (...) se multiplica debido al importante papel que desempeñan Internet y los motores de búsqueda en la sociedad moderna»*[300]. Ciertamente, el que la información se encuentre en internet y no en un medio analógico (periódicos tradicionales en papel) es lo que conlleva la posibilidad —y facilidad— de brindarnos una visión integral de las personas. Por ello, es en el mundo digital donde es necesario un mayor esfuerzo por conciliar la protección de datos con la libertad de información.

- Afirma el TJUE que los derechos a la vida privada y familiar y a la protección de datos *«prevalecen, en principio, (...) sobre el interés económico del gestor del motor de búsqueda, (...) sobre el interés (...) en acceder a la mencionada información en una búsqueda que verse sobre el nombre de esa persona»*[301]. Pero no prevalecerán si se trata de una persona pública, primando el derecho a la información[302]; y, por tanto, no se suprimirán los enlaces.

- Finalmente, en esta primera sentencia del TJUE que regula la protección de datos, en concreto el derecho al olvido, no se obliga, como venimos señalando, a borrar la información de páginas webs, sólo los resultados que nos muestren los motores de búsqueda cuando el criterio introducido sea el nombre propio de una persona privada. Sin embargo, si se trata de una persona pública, no se procederá a borrar la lista de resultados, como hemos expuesto.

Por otro lado, en la línea del TJUE, el TC ahonda en ella con la sentencia 58/2018, de 4 de junio. En particular, avanza en el derecho al olvido al permitir solicitar que se borren los enlaces a páginas webs en búsquedas realizadas con el criterio del nombre, pero tanto en los motores de búsqueda generales como en los de las hemerotecas digitales. Además, en esta sentencia se realiza, de manera expresa, un

---

299 *Ibidem*, apartado 80.

300 *Idem*.

301 STJUE, *cit.*, apartado 4 del Fallo.

302 Parafraseado de la STJUE, cit., apartado 4 del Fallo.

juicio de ponderación entre el derecho a la libertad de información y el derecho a la protección de datos[303]. Hay que destacar de esta resolución lo siguiente:

- El TC considera el derecho al olvido como parte del derecho a la protección de datos, como *«una vertiente del derecho a la protección de datos personales frente al uso de la informática»*[304]. Es una *«facultad inherente al derecho a la protección de datos personales»*[305], al derecho a controlar el uso que se realiza de nuestros datos personales informatizados. Y, por tanto, lo considera *«como derecho fundamental»*[306]. Surge, pues, el derecho al olvido como una necesidad para garantizar la protección de datos en un mundo digitalizado, toda vez que la colisión entre la protección de datos y la libertad de información, como dijimos, es mayor en esta era tecnológica. Afirma el TC, en este sentido, que *«este conflicto adopta, en este caso, matices singulares que tienen que ver (…) con la forma en que las herramientas informáticas desarrolladas para facilitar el acceso a la información, como los buscadores, afectan singularmente a los datos personales de la ciudadanía; (…) haciendo nacer un "derecho al olvido"»*[307].

- La libertad de información se erige, entonces, *«como límite del derecho de autodeterminación sobre los propios datos personales»*[308]. Concurriendo determinados requisitos, puede prevalecer el derecho fundamental a la libertad de información sobre *«el derecho a la autodeterminación de datos personales, el derecho a la supresión de esos datos de una base informatizada gestionada por un medio de comunicación, el derecho al olvido respecto de las hemerotecas»*[309].

---

303   STC, 58/2018, de 4 de junio, FJ 5: *«se plantea en esta sede un conflicto entre, de un lado, los derechos al honor y a la intimidad (art. 18.1 CE) y a la protección de datos personales (art. 18.4 CE) y, de otro, el derecho a la libertad de información [art. 20.1 d) CE]»*

304   STC, cit., FJ 5.

305   *Ibidem,* FJ 6.

306   *Idem.*

307   *Ibidem*, FJ 5.

308   *Ibidem,* FJ 6.

309   *Ibidem,* FJ 7.

En concreto, los requisitos a tener en cuenta en la ponderación entre estos dos derechos son los siguientes:

a) *«La información transmitida debe ser veraz»*[310]. Es decir, que quien ejerce la libertad de información haya realizado, previamente a la publicación de la noticia, una labor de investigación *«con la diligencia exigible a un profesional de la información»*[311]. Debiendo exigirse esta misma diligencia a los periodistas no profesionales.

b) Que los hechos sean *«noticiables»*[312]. Es decir, *«asuntos de relevancia pública (...) por las materias a que se refieren o por las personas que en ellos intervienen (STC 41/2011, de 11 de abril, FJ 2)»*[313]. Porque cuando la noticia versa sobre personas públicas[314] o hechos de relevancia pública es cuando esa noticia, los datos/información incluidos en ella, están protegidos por la libertad de información[315]. No obstante, aunque los hechos sean de relevancia pública, si se refieren a personas privadas, considera el TC que no toda la noticia es de interés público y, por tanto, no todos los datos estarán protegidos por la libertad de información en su colisión con la protección de datos[316].

---

310 *Idem.*

311 *Idem.*

312 *Ibidem,* FJ 6.

313 *Ibidem,* FJ 6.

314 *Vid.* STC, *cit.*, FJ 7: *«las autoridades y funcionarios públicos, así como los personajes públicos o dedicados a actividades que conllevan notoriedad pública "aceptan voluntariamente el riesgo de que sus derechos subjetivos de personalidad resulten afectados por críticas, opiniones o revelaciones adversas y, por tanto, el derecho de información alcanza, en relación con ellos, su máximo nivel de eficacia legitimadora, en cuanto que su vida y conducta moral participan del interés general con una mayor intensidad que la de aquellas personas privadas que, sin vocación de proyección pública, se ven circunstancialmente involucradas en asuntos de trascendencia pública, a las cuales hay que, por consiguiente, reconocer un ámbito superior de privacidad, que impide conceder trascendencia general a hechos o conductas que la tendrían de ser referidos a personajes públicos"* (por todas, STC 172/1990, de 12 de noviembre, FJ 2)»

315 Parafraseado de la STC, *cit.*, FJ 6.

316 Parafraseado de la STC, *cit.*, FJ 7.

c) El TC añade una novedad respecto a la doctrina anterior: a saber, que los datos sean actuales. Considera que hechos de relevancia pública son los ya expuestos y que vienen determinados *«por la materia (...) como por la condición de la persona a que se refiere. Pero el carácter noticiable también puede tener que ver con la "actualidad" de la noticia, es decir con su conexión, más o menos inmediata, con el tiempo presente»*[317]. Por tanto, habrá que examinar si, por no ser actual, esa noticia ya ha *«perdido parte de su interés público o de su interés informativo para adquirir, o no, un interés histórico, estadístico o científico»*[318]. En estos supuestos habrá que analizar si prevalece o no el derecho a la libertad de información. Pero lo cierto es que, en la ponderación protección de datos/libertad de información, juega un papel importante *«el efecto del paso del tiempo sobre la función que desempeñan los medios de comunicación y, sobre la doble dimensión -estrictamente informativa o fundamentalmente investigadora) de esa función»*[319].

d) Hay que tener en cuenta la facilidad de acceso a las hemerotecas digitales. Si la noticia, con independencia de su relevancia pública, no está actualizada, pero *«ha sido digitalizada y se contiene en una hemeroteca»*[320], se produce un *«menoscabo del derecho a la autodeterminación informativa (art. 18.4 CE)»*[321]. Por ello, *«la universalización del acceso a las hemerotecas, como la universalización del acceso a la información a través de los motores de búsqueda, multiplica la injerencia en los derechos a la autodeterminación informativa (art. 18.4 CE) y a la intimidad (art. 18.1 CE) de los ciudadanos»*[322]. Referencia aquí el TC la doctrina de la sentencia del TJUE examinada, según la cual cualquier persona puede *«obtener mediante la lista de resultados una visión estructurada de la información relativa a esta persona que puede hallarse en Internet, que afecta potencialmente a una multitud de aspectos de su vida privada, que, sin dicho motor, no se habrían*

---

317 STC, *cit.*, FJ 7.

318 *Idem*.

319 *Idem*.

320 STC, cit., FJ 7.

321 *Idem*.

322 *Idem*.

interconectado o sólo podrían haberlo sido muy difícilmente y que le permite de este modo establecer un perfil más o menos detallado de la persona de que se trate»[323].

- En el fallo se afirma que debe tenerse en cuenta, en el juicio de ponderación entre protección de datos/libertad de información, *«que los motores de búsqueda internos de los sitios web cumplen la función de permitir el hallazgo y la divulgación de la noticia y que esa función queda garantizada aunque se suprima la posibilidad de efectuar la búsqueda acudiendo al nombre y apellidos de las personas en cuestión, que no tienen relevancia pública alguna. Siempre será posible (...) localizar la noticia mediante una búsqueda temática, temporal, geográfica o de cualquier otro tipo».* Por tanto, no es necesario anonimizar la noticia poniendo, en este caso concreto, las iniciales de las personas a que se refiere, porque ello sí supondría una mayor injerencia en la libertad de información. Basta con que la búsqueda en los motores internos de las hemerotecas digitales de los periódicos, no se realice con el nombre y apellidos de las personas[324].

En el intento de determinar los parámetros a tener en cuenta en la conciliación entre los derechos examinados, resultan de interés las sentencias más recientes sobre la materia. Por un lado, la STJUE, Gran Sala, de 8 de diciembre de 2022, asunto C-460/20[325], en la que el Tribunal resuelve cómo debe interpretarse el art. 17.3 a) RGPD[326], que

---

323 *Idem.*

324 Parafraseado STC, cit., Fallo.

325 También denominado asunto Google.

326 *Vid.* STJUE, Gran Sala, de 8 de diciembre de 2022, asunto C-460/20, Fallo: *«1) El artículo 17, apartado 3, letra a), del Reglamento (UE) 2016/679 del Parlamento Europeo y del Consejo, de 27 de abril de 2016, relativo a la protección de las personas físicas en lo que respecta al tratamiento de datos personales y a la libre circulación de estos datos y por el que se deroga la Directiva 95/46/CE (Reglamento general de protección de datos), debe interpretarse en el sentido de que, en el marco de la ponderación que debe efectuarse entre los derechos recogidos en los artículos 7 y 8 de la Carta de los Derechos Fundamentales de la Unión Europea y los recogidos en el artículo 11 de la Carta de los Derechos Fundamentales a efectos del examen de una solicitud de retirada de enlaces dirigida al gestor de un motor de búsqueda para que se suprima de la lista de resultados de una búsqueda el enlace a un contenido que incluye afirmaciones fácticas que la persona que ha formulado la solicitud considera inexactas, dicha retirada no está condicionada a una aclaración al menos provisional de la*

regula el derecho de supresión/derecho al olvido. Insiste el Tribunal en destacar que el derecho al olvido no se aplica cuando el tratamiento de datos personales es necesario para el ejercicio del derecho fundamental a la libertad de información. Por tanto, en el juicio de ponderación parece que prevalece este derecho, pero concurriendo los requisitos ya examinados en las anteriores resoluciones y añadiendo el de la exactitud/inexactitud como elemento destacable.

Por tanto, si en una búsqueda realizada por el nombre, los motores de búsqueda nos ofrecen enlaces que remiten a noticias inexactas elaboradas por periodistas en el ejercicio de su libertad de información, la persona interesada podrá pedir que se cancelen los enlaces. Para ello, deben concurrir los requisitos siguientes:

- Que la persona interesada acredite la inexactitud y que la misma afecte a una parte importante de la noticia[327]. Para evitar *«el riesgo real de provocar un efecto disuasorio sobre el ejercicio de la libertad de (…) información»*[328], le corresponde a la persona interesada *«acreditar la*

---

cuestión de la exactitud del contenido indexado en el marco de un recurso interpuesto por dicha persona contra el proveedor de contenidos. 2) Los artículos 12, letra b), y 14, párrafo primero, letra a), de la Directiva 95/46/CE del Parlamento Europeo y del Consejo, de 24 de octubre de 1995, relativa a la protección de las personas físicas en lo que respecta al tratamiento de datos personales y a la libre circulación de estos datos, y el artículo 17, apartado 3, letra a), del Reglamento 2016/679 deben interpretarse en el sentido de que, en el marco de la ponderación que debe efectuarse entre los derechos recogidos en los artículos 7 y 8 de la Carta de los Derechos Fundamentales y los recogidos en el artículo 11 de la Carta de los Derechos Fundamentales a efectos del examen de una solicitud de retirada de enlaces dirigida al gestor de un motor de búsqueda para que se supriman de los resultados de una búsqueda de imágenes efectuada a partir del nombre de una persona física fotografías mostradas en forma de previsualizaciones que representan a dicha persona, procede atender al valor informativo de dichas fotografías con independencia del contexto de su publicación en la página web de la que procedan, pero teniendo en cuenta cualquier elemento textual que acompañe directamente a esas fotografías en los resultados de la búsqueda y pueda arrojar luz sobre su valor informativo». Disponible en: https://eur-lex.europa.eu/legal-content/ES/TXT/PDF/?uri=CELEX:62020CA0460. (Consulta: 8/03/24).

327 Parafraseado del Comunicado de prensa del TJUE, n.º 197/22 respecto de la STJUE *cit*.

328 STJUE, Gran Sala, de 8 de diciembre de 2022, asunto C-460/20, apartado 71.

exactitud o inexactitud del contenido indexado»[329], así como presentar *«pruebas pertinentes y suficientes, que sean idóneas para fundamentar su solicitud y acrediten la inexactitud manifiesta de la información que figura en el contenido indexado o, al menos, de una parte de esa información»*[330] que resulte importante *«en el conjunto del referido contenido»*[331].

- El gestor del motor de búsqueda tiene la obligación de suprimir los enlaces si es manifiesta la inexactitud de una parte importante de la noticia. En caso contrario, no tiene el deber de hacerlo, salvo que medie una resolución judicial[332].

El TJUE resuelve una segunda cuestión prejudicial que es la relativa a que se supriman, o no, los enlaces de los motores de búsqueda cuando en ellos se previsualizan fotografías. En este supuesto la vulneración de derechos puede *«ser particularmente intensa»*[333] y, por tanto, habrá que examinar el *«valor informativo de dichas fotografías con independencia del contexto de su publicación en la página web de la que procedan, pero teniendo en cuenta cualquier elemento textual que acompañe directamente a esas fotografías en los resultados de la búsqueda y pueda arrojar luz sobre su valor informativo»*[334]. Es decir, aunque no proceda suprimir los enlaces de los motores de búsqueda, porque no se acredite la inexactitud de las páginas a las que remite, o por cualquiera otra de las cuestiones examinadas, habrá que ponderar si procede suprimir, o no, del enlace la previsualización de fotos atendiendo al valor informativo que tengan en la lista de resultados. Y siempre partiendo de que la búsqueda se haya realizado *«a partir del nombre de una persona física»*[335].

---

329 *Idem*.

330 *Ibidem,* apartado 72.

331 *Idem*.

332 Parafraseado STJUE, cit., apartados 72 y 73.

333 STJUE, *cit*., apartado 104.

334 *Ibidem*, Fallo.

335 *Ibidem*, apartado 108.

Por otro lado, una de las últimas sentencias del TC sobre el derecho al olvido, es la STC, Pleno, 89/2022, de 29 de junio[336]. En ella el TC se limita a resumir su doctrina y la del TEDH sobre el derecho a la protección de datos y el derecho al olvido. Refiere también, pero sin mayor trascendencia[337], las distintas denominaciones que le atribuye el TEDH, como la de *«derecho al desindexado»*[338]. Y lo único novedoso lo encontramos en el voto particular. Así:

- En primer lugar, el Tribunal dedica todo el fundamento jurídico tercero a fijar la doctrina que acredita la integración del derecho al olvido en el derecho fundamental a la protección de datos. Y afirma que el derecho al olvido es el *«derecho a obtener la supresión de los datos personales que le conciernan del responsable del tratamiento cuando concurran alguna de las condiciones establecidas»*[339] en el art. 17 RGPD, al que remite el art. 15 LOPDGDD.

- Insiste el TC en ligar la protección de datos, como ha venido haciendo en las etapas anteriores examinadas, con otros derechos de la privacidad como *«los derechos a la intimidad y al honor (art. 18.1 CE) en tanto sirve también de mecanismo de garantía para la preservación de estos»*[340]. Pero, en cualquier caso, ya no se discute que es *«un derecho autónomo»*[341].

- El objeto de la protección de datos *«no se reduce solo a los datos íntimos de la persona, sino a cualquier tipo de dato personal, sea o no*

---

336 Existen otras sentencias posteriores, pero todas ellas remiten a ésta. Entre otras, STC, Pleno, 105/2022, de 13 de septiembre. En ambas se emiten votos particulares por los mismos magistrados.

337 Es un término que comenzó a usarse por la doctrina tras la STJUE de 2014. Entre otros, *vid.* MUÑOZ, J. «La desindexación de contenidos del índice de resultados de buscadores de internet tras la sentencia del TJUE sobre "derecho al olvido"», *Blog Abogacía española*, CGAE, Madrid, 2014. Disponible en: https://www.abogacia.es/actualidad/noticias/la-desindexacion-de-contenidos-del-indice-de-resultados-de-buscadores-de-internet-tras-la-sentencia-del-tjue-sobre-derecho-al-olvido/. (Consulta: 1/04/24).

338 STC, Pleno, 89/2022, de 29 de junio, FJ 3.

339 *Idem.*

340 *Idem.*

341 *Idem.*

íntimo, cuyo conocimiento o empleo por terceros pueda afectar a sus derechos, sean o no fundamentales»[342]. Por tanto, con este derecho controlamos nuestros datos personales, con independencia de que sean íntimos o no; y, sobre todo, no hay necesidad de vulnerar los derechos clásicos de la privacidad, a los que parecía estar más ligado al comienzo de su creación, resultando suficiente con que se vulnere cualquier otro derecho. Incluso si ese derecho no está expresamente mencionado en nuestra CE, pero sí en la jurisprudencia del TJUE, toda vez que ello es posible conforme al art. 10.2 CE.

- Expone la jurisprudencia del TJUE sobre el derecho al olvido. En concreto cita la STJUE, Gran Sala, de 13 de mayo de 2014, asunto Google Spain y Google Inc. contra AEPD y otro. Y señala la posibilidad, ya expuesta, de suprimir las listas de enlaces de los motores de búsqueda, cuando el criterio introducido en el motor sea el del nombre de una persona física. Así, no es necesario que la información se elimine de la página web que contiene la noticia, ni tampoco que la noticia perjudique a la persona interesada[343].

- Hace referencia expresa a las distintas denominaciones del derecho al olvido y que recoge el TEDH. Señala que el TEDH *«ha acogido expresamente los términos "desindexar" (de-indexing), "deslistar" (de-listing) y "desreferenciar" (de-referencing) para referirse a la actividad de un motor de búsqueda, antes descrita, por la que remueve de la lista de resultados (obtenida tras una búsqueda efectuada por el nombre de una persona) las páginas de internet publicadas por terceras partes que contienen información relativa a esa persona (…).De este modo cabe también hablar de un "derecho al desindexado"»*[344].

---

342 *Idem.*

343 Parafraseado de la STC cit., FJ 3, que expresamente afirma, respecto a la eliminación de las listas de resultados de los motores de búsqueda, que *«Una orden en este sentido adoptada por la autoridad de control o por un* órgano *jurisdiccional no presupone "que ese nombre o esa información sean, con la conformidad plena del editor o por orden de una de estas autoridades, eliminados con carácter previo o simultáneamente de la página web en la que han sido publicados" (STJUE Google Spain, § 82). Y, por otro lado, "la apreciación de la existencia de tal derecho no presupone que la inclusión de la información en cuestión en la lista de resultados cause un perjuicio al interesado" (STJUE Google Spain, § 96)»*.

344 *Idem.*

- Expone la jurisprudencia sobre los límites que tiene el derecho al olvido. Y afirma que en el juicio de ponderación entre protección de datos — integrada por el derecho al olvido— y la privacidad, frente al interés del público en tener acceso a la información de los motores de búsqueda, prevalece el derecho al olvido[345]. Pero, en cualquier caso, para que se proceda a la supresión de los enlaces (cediendo la libertad de información), deben concurrir los requisitos previstos en la normativa, que la jurisprudencia del TJUE y del TC han desarrollado y que recoge esta sentencia. Entre ellos, el interés público, o no, de la noticia; o *«si la información personal es manifiestamente inexacta debido al transcurso del tiempo, o ha quedado obsoleta»*[346].

- Y se incluye que *«el alcance que debe tener la retirada de enlaces del motor de búsqueda, una vez que dicha medida se acuerde por la autoridad administrativa o judicial»*[347], puede alcanzar *«a las versiones europeas del motor de búsqueda»*[348], tal y como ha confirmado el TJUE en STJUE, Gran Sala, de 8 de diciembre de 2022, asunto C-460/20.

- Observamos, como dijimos, que esta sentencia resume la doctrina sobre el derecho a la protección de datos. Lo único novedoso, y que se nos muestra en el voto particular, es sobre el concepto de relevancia pública[349]. Se señala así que no se deben tener en cuenta los tradicionales parámetros, utilizados hasta ahora, para determinar si la persona o asunto es de relevancia pública, sino que han de considerarse otros factores como los datos estadísticos, o los *«indicadores demoscópicos en que se traducen las preocupaciones de la ciudadanía*

---

345 Parafraseado de la STC cit., FJ 4.

346 *Idem*.

347 *Idem*.

348 *Idem*.

349 *Vid.* STC, *cit.*, FJ 5. El TC se limita a reiterar que *«el concepto de "asuntos de relevancia pública" es un concepto que este tribunal viene tomando en consideración como presupuesto para apreciar el valor preponderante de las libertades públicas de información y de expresión del art. 20 CE, frente al derecho al honor y a la intimidad personal y familiar del art. 18.1 CE».* Es decir, o bien la información es de interés público por razón de la materia o por razón de la persona, toda vez que *«la notoriedad pública puede haber sido alcanzada por la actividad profesional que desarrolla, o por difundir habitualmente hechos y acontecimientos de su vida privada, o puede haber adquirido un protagonismo circunstancial al verse implicado en hechos que son los que gozan de esa relevancia pública».*

y que, por tanto, son indiciarios de cuáles son las cuestiones de interés general en cada momento»[350]. Y ello por *«las actuales circunstancias históricas de desarrollo tecnológico y de evolución normativa y social en las democracias avanzadas»*[351], en las que no se puede reducir la relevancia a *«razones políticas y sociales»*[352] o de otro tipo por la que hayan alcanzado *«notoriedad pública»*[353].

Consideramos necesario, tras el examen de la jurisprudencia del TJUE y del TC, referirnos a una reciente sentencia del TS sobre el derecho al olvido, la STS, Sala de lo contencioso, 1757/2023, de 21 de diciembre. Esta resolución es interesante, no porque aporte alguna novedad al tema tratado, sino porque reproduce y sintetiza, en su fundamento jurídico cuarto, toda la jurisprudencia constitucional y europea expuesta sobre el derecho al olvido, contribuyendo al deseado diálogo entre Tribunales. En concreto, alude a las sentencias examinadas, STC, Sala 1.ª, 58/2018, de 4 de junio y a la STC, Pleno, 89/2022, de 29 de junio; así como a las SSTJUE que éstas citan en su fundamentación. El asunto que se ventila en esta resolución *«consiste en que el (...) recurrente solicitó a la entidad "Google Spain S.L". la eliminación del motor de búsqueda de nueve enlaces que consideraba dañaban su fama y buena reputación»*[354]. El TS, aplicando los criterios ya expuestos sobre el derecho al olvido, resuelve:

- Que no entra a examinar si las noticias son falsas o no, toda vez que se parte de la *«veracidad de la información aludida»*[355], que nadie discute.

- Sobre *«la relevancia pública de lo difundido»*[356]. Afirma que viene determinada *«porque el interesado sea una persona*

---

350 STC, Pleno, 89/2022, de 29 de junio. Voto particular, punto 14.

351 *Idem.*

352 *Idem.*

353 *Idem.*

354 STS, Sala de lo contencioso, 1757/2023, de 21 de diciembre, FJ 5.

355 *Idem.*

356 *Idem.*

pública o haya adquirido notoriedad pública y, en este segundo supuesto, la notoriedad pública puede haber sido alcanzada por la actividad profesional que desarrolla, o por difundir habitualmente hechos y acontecimientos de su vida privada»[357], o por *«verse implicado en hechos que son los que gozan de relevancia pública»*[358]. En este caso, el TS concluye que no se da ninguno de esos supuestos. No estamos ante ninguna persona pública, ni la persona interesada tiene actividad de relevancia pública, ni difunde con habitualidad hechos de su vida privada.

– Por tanto, sólo cabe no suprimir los enlaces porque los mismos se refieran a noticias de *«interés general»*[359]. Y éste es el motivo que considera acreditado el TS y por el que desestima el recurso de casación, no suprimiendo enlace alguno. Afirma que se trata de enlaces que aluden a *«su intervención como testigo»*[360] en un proceso penal de gran relevancia pública, *«trascendente en el ámbito político»*[361] y que *«no reviste connotación peyorativa»*[362]. Y el otro dato que ofrecen los enlaces es sobre su cambio de trabajo y sobre *«la relación de su cónyuge con el partido investigado»;* datos que considera objetivos añadiendo que este último, además, *«se encuentra conectado con el contexto de la noticia»*[363]. Señala, pues, que ningún dato es contrario *«a la buena reputación o a su imagen»*[364].

– Sólo quedaría por examinar si el tiempo transcurrido permite el borrado de la lista de resultados. Las noticias son del año 2014

---

357 *Idem.*

358 *Idem.*

359 *Idem.*

360 *Idem.*

361 *Idem.*

362 *Idem.*

363 STS, Sala de lo contencioso, 1757/2023, de 21 de diciembre, FJ 5.

364 *Idem.*

y 2019 y, a pesar de ello, el TS no las considera *«obsoletas ni antiguas»*[365], porque no se ha *«disipado el interés subyacente en la información»*[366]:

Como hemos señalado, esta sentencia aplica la doctrina jurisprudencial expuesta sobre el derecho al olvido y no permite el borrado interesado. No obstante, nos sigue llamando la atención que no se aplique la idea expuesta por el TJUE[367] (y que esta sentencia recoge de soslayo) de que la lista de resultados de los motores de búsqueda, realizadas éstas por el nombre, ofrezca *«una visión estructurada de la información relativa a esta persona que puede hallarse en Internet, que afecta potencialmente a multitud de aspectos de su vida privada (...) y que le permite de este modo establecer un perfil más o menos detallado de la persona de que se trate»*[368]. Idea que quizás permitiría, en algunos asuntos como el expuesto, el borrado de la lista de resultados.

Finalmente, observamos como tanto el TJUE como el TC avanzan lentamente en establecer reglas hermenéuticas, en materia de conciliación, que nos sirvan para su aplicación general y poder evitar acudir a los tribunales, con habitualidad, para que realicen el juicio de ponderación. Al mismo tiempo, quienes ejercen la libertad de información siguen obteniendo información de los motores de búsqueda —con todas las ventajas de la digitalización— y simplemente encuentran alguna dificultad añadida para hacerlo. La búsqueda les resulta más difícil por el nombre/apellidos; no obstante, aunque se supriman algunos de los enlaces, la información no se borra, no desaparece y puede encontrarse utilizando otros parámetros como el tema, la época, etc. Además, ni siquiera se borrará la lista de enlaces que nos ofrecen los motores de búsqueda si ésta se realiza por el nombre, sólo si *«la información es obsoleta o ya no tiene relevancia ni interés público, aunque*

---

365 *Idem.*

366 *Idem.*

367 STJUE, Gran Sala, de 13 de mayo de 2014, asunto Google Spain y Google. Disponible en: https://curia.europa.eu/juris/document/document.jsf?docid=152065&doclang=ES. (Consulta: 21/03/24).

368 STS, Sala de lo contencioso, 1757/2023, de 21 de diciembre, FJ 4.

la publicación original sea legítima (en el caso de boletines oficiales o informaciones amparadas por las libertades de expresión o de información)»[369].

Cabría, pues, preguntarnos qué información indexada es la que podemos y debemos olvidar. Y sobre todo qué significa olvidar… y que significa borrar… en cada supuesto concreto. Pero lo que resulta claro, es que no estamos ante un verdadero derecho al olvido. Por otro lado, tampoco el derecho al olvido, en el sentido expuesto (y sobre todo aplicado) por la jurisprudencia, nos parece una solución útil al reto que esta sociedad digital nos plantea de una ingente cantidad de datos circulando por la red, ofreciendo una visión panorámica de quiénes somos (según los criterios/patrones/sesgos de los motores de búsqueda). No obstante, insistimos, en ningún caso estamos ante un derecho que permita, *a priori*, el borrado de la información de la fuente digital, ni lo pretendemos, nada más alejado de nuestra idea. Como reiteradamente venimos señalando, y constantemente afirma la jurisprudencia europea y nuestro TC, el derecho a la libertad de información es la base de toda sociedad democrática y también la base que sustenta esta monografía. Simplemente dejamos en el aire la posibilidad del borrado de esa exposición panorámica de nuestra identidad, en la búsqueda por el nombre.

3.2.3.2. Breve referencia a otras sentencias

Las sentencias del TJUE o del TC que tratan la conciliación entre protección de datos y libertad de información, son las expuestas (o alguna otra que remite a ellas) y que se refieren al derecho al olvido. Al margen de ellas, son escasas las sentencias que tratan expresamente la ponderación entre estos dos derechos fundamentales en juego sin referirse al derecho al olvido. No obstante, podemos extraer algunas ideas relevantes de otras resoluciones que tratan, transversalmente, la colisión entre ambos.

---

369 *Vid.* AEPD. Disponible en: https://www.aepd.es/areas-de-actuacion/internet-y-redes-sociales/derecho-al-olvido#:~:text=El%20derecho%20de%20supresi%C3%B3n%20(',pertinencia%20previstos%20en%20la%20normativa. (Consulta: 24/01/24).

Es una referencia necesaria, en este punto, la STJUE, asunto C-345/2017[370] que, aunque tiene por objeto la interpretación de la derogada Directiva 95/46/CE, podemos aplicarla al actual Reglamento, toda vez que resuelve una cuestión prejudicial sobre el tratamiento de datos personales con fines exclusivamente periodísticos. Las cuestiones relevantes a tener en cuenta no son muchas, toda vez que reitera doctrina ya expuesta y no se refiere a la conciliación con la libertad de información. Pero podemos destacar:

– Que nos ofrece el concepto de actividades periodísticas, afirmando que *«las "actividades periodísticas" son las que tienen por finalidad divulgar al público información (...), opiniones o ideas, por cualquier medio de transmisión»*[371]. Por tanto, la libertad de información comprende la transmisión de hechos y, también lógicamente, las opiniones de los periodistas (profesionales o no) sobre las mismas.

– Que *«la grabación en vídeo de policías en una comisaría durante una toma de declaración y la publicación del vídeo grabado en un sitio de Internet de vídeos en el que los usuarios pueden enviarlos, verlos y compartirlos, pueden constituir un tratamiento de datos personales con fines exclusivamente periodísticos»*. Es decir, que la grabación y publicación del vídeo de una autoridad, en su lugar de trabajo, se considera actividad periodística. Matizando el Tribunal que sólo tendrá esta consideración, si del video se desprende que el único objetivo es *«la divulgación al público de información, opiniones o ideas, lo que debe comprobar el tribunal»*[372].

Y respecto a nuestro TC, destacar la STC, Pleno, 8/2022, de 27 de enero, que incide en que garantiza el derecho a la libertad de información. No es una sentencia en materia de conciliación entre este derecho y la protección de datos, no obstante, es interesante porque clarifica cuáles son los límites de la libertad de información y, sobre todo, el concepto de veracidad. En concreto:

---

370 Disponible en: https://eur-lex.europa.eu/legal-content/ES/TXT/PDF/?uri=CE-LEX:62017CJ0345. (Consulta: 20/03/24).

371 STJUE, de 14 de febrero de 2019, asunto C-345/17, punto 53.

372 *Ibidem*, Fallo.

– Afirma que el derecho fundamental a la libertad de información tiene límites. Bien límites internos, que tienen que ver con su contenido y que son *«la veracidad y la relevancia pública»*[373]. O bien límites externos que vendrán marcados por *«su relación con otros derechos o valores constitucionales con los que puede entrar en conflicto»*[374]. Uno de esos límites es, obviamente y aunque esta sentencia no se refiera a él, el derecho a la protección de datos.

– Respecto a la veracidad, reitera el TC su doctrina anterior[375], no exigiendo *«una rigurosa y total exactitud en el contenido de la información»*[376]. De esta forma, pueden estar protegidas informaciones erróneas o inexactas, que no lo estarán, en ningún caso, cuando quienes ejerciten la libertad de información *«actúen con menosprecio de la veracidad o falsedad de lo comunicado, comportándose de manera negligente e irresponsable, al transmitir como hechos verdaderos simples rumores carentes de toda contrastación»*[377].

Por tanto, quizás uno de los problemas más significativos de la conciliación entre el derecho a la protección de datos y la libertad de información estribe en que no es suficientemente tratado, directamente, por la jurisprudencia —a excepción, por supuesto, de las importantes sentencias en materia de derecho al olvido expuestas—. Y que todavía se requiere una mayor atención, trabajo, análisis, reflexión… que quizás no se produce porque se considere la autorregulación en materia de libertad de información, incluso libertad de expresión, como sinónima o cercana a una restricción de las mismas. Sin embargo, sería más bien al contrario: a lo que llevaría es a evitar dichas restricciones, a tener claros criterios generales de verdadera conciliación, de equilibrio entre los derechos fundamentales en juego.

---

373   STC, Pleno, 8/2022, de 27 de enero, FJ 3.

374   *Idem*.

375   STC, Sala 2.ª, 52/2002, de 25 de febrero.

376   STC, Pleno, 8/2022, de 27 de enero, FJ 3.

377   *Idem*.

CAPÍTULO IV.

HACIA UNA MEJORA DE LA CONCILIACIÓN: IDENTIDAD DIGITAL Y PROPUESTA *DE LEGE FERENDA* O DE *SOFT LAW*

4.1. En un intento de mejorar la conciliación: la identidad digital

4.1.1. Contextualización

En el intento de una regulación más profunda y avanzada de la excepción periodística para mejorar la conciliación entre protección de datos y libertad de información, nos encontramos de lleno con la identidad digital. No obstante, previamente a tratar sobre ella, hemos de tener en cuenta lo que se ha ido observando a lo largo de la monografía, pero, sobre todo, en la parte final, respecto a dos cuestiones importantes en materia de conciliación. Por un lado, la escasez normativa sobre la excepción periodística y, al mismo tiempo, la dispersión normativa y jurisprudencial al respecto. Por otro lado, consecuencia del examen anterior, observamos también la existencia de alguna laguna en dicha conciliación.

Respecto a la primera cuestión, hemos venido señalando que existe una abundante legislación en materia de protección de datos en general, pero pocas normas sobre conciliación entre protección de datos y libertad de información. Además, como dijimos, el legislador nacional no ha cumplido la previsión del RGPD de regular las excepciones para el ejercicio de la libertad de información. El RGPD deja en manos del legislador nacional el establecer dichas excepciones a la aplicación de las normas generales que regulan la protección de datos en el Reglamento comunitario, respecto a la actividad periodística. No obstante, la LOPDDGD no ha establecido ninguna excepción, ni dispone de medidas de conciliación entre ambos derechos; y tampoco existe ninguna otra normativa al respecto, ni previsión de ella. A pesar de ello, sí podemos extraer normativa en materia de conciliación y, sobre todo, jurisprudencia. El problema es que se encuentra dispersa entre la cantidad de preceptos del RGPD y de la LOPDGDD, así como en diversas sentencias —además de aquéllas que son referente en la materia, las relativas al derecho al olvido reiteradamente citadas—. Entendemos que esta dispersión, que hemos expuesto detenidamente, debe ser subsanada. Y el hecho de que no se haya realizado hasta ahora, no supone ningún impedimento para hacerlo, ni lo consideramos una utopía. Estamos en un momento de avances y descubrimientos tecnológicos sin precedentes, de dictado de abundante normativa en esta materia —que, lógicamente, también afecta a nuestros derechos en juego—; y, por tanto, es el momento adecuado para realizar una regulación sistemática de la normativa y jurisprudencia sobre protección de datos/libertad de información.

Por otro lado, dentro de esa conciliación no sistematizada, también observamos la existencia de una laguna que entendemos vinculada al derecho al olvido, como veremos, y que llenarla nos conduciría, necesariamente, a dotar de mayor amplitud el derecho a la protección de datos. Esta laguna es la que nos aboca a esta idea de la identidad digital, que es una «figura» que ha ido surgiendo a lo largo del trabajo, en múltiples ocasiones, ligada a facetas y aspectos muy diversos, pero sobre todo en la jurisprudencia sobre el derecho al olvido. Es en este momento cuando nos encontramos ante la necesidad de dar respuesta a las preguntas que nos hemos ido planteando y al vacío que observamos que existe cuando entran en juego la protección de datos y la libertad de información, y que adquiere cada vez más importancia ante la necesidad de defendernos en un mundo digital que nos «deja expuestos», aún sin quererlo.

La necesidad de entender qué es la identidad digital o el derecho a la identidad digital o el derecho a la identidad, parte del examen previo que hemos realizado, sobre todo normativo y, principalmente, jurisprudencial. Es clave en esta cuestión, en la laguna observada, la STJUE, Gran Sala, de 13 de mayo de 2014, asunto Google Spain y Google Inc. contra AEPD *et al.*[378], que refiriéndose al derecho al olvido afirma, como dijimos:

- Que se considera tratamiento de datos la actividad que realizan los motores de búsqueda consistente *«en hallar información (...) en Internet (...), indexarla (...), almacenarla (...) y, por último, ponerla a disposición de los internautas según un orden de preferencia determinado»*[379].

- Y que se procederá a eliminar las listas de enlaces a páginas web, en búsquedas realizadas por el nombre y sólo en determinados supuestos ampliamente examinados. Lo importante aquí es el motivo por el que se puede realizar este «borrado», afirmando el TJUE que se debe a que el listado de resultados de la búsqueda nos ofrece una visión global de la persona. Cualquier persona —y, por tanto, también quienes ejercen la libertad de información— en una búsqueda por el nombre, pueden obtener de la lista de resultados de los motores de búsqueda *«una visión estructurada de la información relativa a esta persona que puede hallarse en Internet que les permita establecer un perfil más o menos detallado del interesado»*[380]. Por tanto, podemos extraer de esta resolución la idea de que los motores de búsqueda exponen la identidad digital de las personas, pudiendo *«afectar significativamente a los derechos fundamentales de respeto de la vida privada y de protección de datos personales»*[381], toda vez que *«el efecto de la injerencia en dichos derechos (...) se multiplica debido al impor-*

---

378 STJUE, Gran Sala, de 13 de mayo de 2014, asunto Google Spain y Google Inc. contra AEPD *et al.* Disponible en: https://curia.europa.eu/juris/document/document.jsf?docid=152065&doclang=ES. (Consulta: 22/03/24).

379 STJUE, cit., apartado 41.

380 *Ibidem,* apartado 37.

381 *Ibidem*, apartado 80.

tante papel que desempeñan Internet y los motores de búsqueda en la sociedad moderna»[382]. Por ello, en el supuesto de concluir que existe un derecho a la identidad, éste sería un derecho a la identidad digital, toda vez que es el entorno digital el que acarrea la facilidad de mostrarnos una visión integral de las personas —o más bien, sesgada—. Y ello, teniendo en cuenta que los derechos son los mismos[383] en el mundo analógico que en el digital; lo que no obsta para que, éste en concreto, sea de aplicación en el mundo digital como lo es también el derecho al olvido (al olvido digital).

Es en este contexto tecnológico donde debemos focalizar el esfuerzo para llenar el hueco, que creemos existente, en la conciliación entre la protección de datos y la libertad de información. Y puede hacerse a través de la identidad digital, toda vez que es el TJUE el que la pone de manifiesto en la referida sentencia —o, al menos, nos conduce a ella—, sin usar esta expresión, cuando habla de *«visión estructurada»*[384] o de perfiles. Es a partir de este momento cuando la idea de un derecho a la identidad digital comienza a cobrar fuerza, toda vez que el propio TJUE pone en la base de la justificación del borrado el que no se exponga el perfil; entendiéndolo en el sentido de que no se exponga una panorámica general de la persona que, seguramente, es sesgada y puede atentar contra su identidad digital. La identidad digital no es, en este caso, la suma de rasgos físicos (o de tipo económico, cultural, social… que identifican a una persona) sino, como venimos exponiendo, la confluencia de varios elementos (internos y externos). Comprende tanto la conciencia que uno tiene de sí mismo, como la que los demás tienen de él e, incluso, la visión que se quiere mostrar a los demás.

Posteriormente, nuestro TC en la sentencia 58/2018, de 4 de junio, en la que incide y amplía el derecho al olvido, refiere la doctrina del TJUE examinada y afirma, refiriéndose a los motores de búsqueda, que cualquier persona puede *«obtener mediante la lista de resultados*

---

382 *Idem.*

383 Aunque los derechos son los mismos, es evidente que no es igual su forma de ejercerlos, tampoco sus límites y garantías… Por lo tanto, cambia su configuración o régimen jurídico.

384 STJUE, *cit.,* apartado 37.

una visión estructurada de la información relativa a esta persona que puede hallarse en Internet, que afecta potencialmente a una multitud de aspectos de su vida privada, que, sin dicho motor, no se habrían interconectado o sólo podrían haberlo sido muy difícilmente y que le permite de este modo establecer un perfil más o menos detallado de la persona de que se trate»[385]. Pero el TC tampoco ahonda en la idea de la identidad para avanzar en el derecho a la protección de datos, dotándolo de mayor contenido. Se limita, en consecuencia, a citar la doctrina del TJUE sobre este punto, sin incidir en ella.

Ninguna de las resoluciones examinadas del TC, ni del TJUE, tampoco las más recientes, hablan de un derecho a la identidad digital, ni le atribuyen mayor amplitud a la protección de datos cuando colisiona con la libertad de información. En este mismo sentido, la reciente sentencia de nuestro TS, a la que nos hemos referido en otro momento, STS, Sala de lo contencioso, 1757/2023, de 21 de diciembre, expone toda la doctrina constitucional sobre el derecho al olvido (y también la del TJUE a la que se refiere aquélla), aunque no avanza tampoco en esta idea de un derecho a la identidad digital. En concreto recoge, como de puntillas, la idea del borrado de la lista de resultados de los motores de búsqueda porque ofrece *«una visión estructurada de la información relativa a esta persona (...)»*[386], pero sin ahondar en la misma.

Por tanto, es este contexto, y el estudio previo realizado, lo que nos ha llevado a preguntarnos si la identidad, o identidad digital más bien, es un nuevo derecho fundamental. Y, si lo es, ¿es autónomo o forma parte del derecho a la protección de datos como un subderecho o faceta? Y todo ello conduce, necesariamente, a plantearnos —como ya venimos haciendo—, la reformulación del derecho a la protección de datos, para cubrir la laguna observada en materia de conciliación y ligada al derecho al olvido.

---

385   STC, Sala 1.ª, 58/2018, de 4 de junio, FJ 6.

386   STS, Sala de lo contencioso, 1757/2023, de 21 de diciembre, FJ 4.

4.1.2. Aproximación a la identidad digital

En esta necesidad expuesta de conciliar un derecho básico de la democracia, como es la libertad de información[387], con el derecho a la protección de datos[388], hemos de aproximarnos a la identidad digital para dar respuesta a las preguntas planteadas, a la laguna observada. Y para ello, examinada la jurisprudencia, debemos conocer si ya está regulada en nuestra normativa, aunque no esté directamente prevista para la conciliación de los derechos en juego; o si, doctrinalmente, se considera un derecho o, al menos, qué dice la doctrina sobre ella.

En el ámbito normativo, comunitario y nacional, no encontramos ninguna regulación vinculante del derecho a la identidad digital. No tiene reconocimiento expreso ni en la CE, ni en la CDFUE, ni siquiera en el recientemente aprobado Reglamento IA. Y ello mientras la CDD[389], no vinculante, habla en el art. 2 del *«Derecho a la identidad en el entorno digital»*[390], si bien habrá que determinar el alcance del mismo, qué sentido se le ha atribuido. Del mismo modo deberemos tener en cuenta las referencias que el RGPD y la LOPDGDD realizan a la elaboración de perfiles —que consideramos alejados de la identidad digital, tal y como la venimos exponiendo—, así como las referencias de ambos textos a la identidad, en qué sentido la definen. Y referirnos también y, por último, a la regulación del art. 93 LOPDGDD sobre el derecho al olvido en las búsquedas de internet.

---

387 *Vid.* STC, Pleno, 8/2022, de 27 de enero, FJ 3, cuando reitera la idea de la posición que ostenta la libertad de información en un Estado democrático. *«El papel esencial que para el funcionamiento de la democracia desempeña la libertad de comunicar o recibir información».*

388 *Vid.* CDD, p. 9, cuando se refiere a este derecho y establece que *«1. Con arreglo al Reglamento (UE) 2016/679 del Parlamento Europeo y del Consejo de 27 de abril de 2016, y la Ley Orgánica 3/2018, de 5 de diciembre, de Protección de Datos Personales y garantía de los derechos digitales, toda persona tiene derecho a la protección de los datos de carácter personal que le conciernan. 2. Estos datos serán tratados respetando los principios de licitud, lealtad, transparencia, minimización, integridad, confidencialidad y limitación por la finalidad y plazo de conservación (…)»*

389 LA CDD fue presentada por el Presidente del Gobierno el 14 de julio de 2021. Es un texto no vinculante.

390 CDD, Índice, p. 3.

Debemos partir para todo ello, antes de continuar adentrándonos en la normativa, de algo básico como es el significado que la RAE nos ofrece del concepto de identidad. Así, en su segunda acepción se refiere al «Conjunto de rasgos propios de un individuo o de una colectividad que los caracterizan frente a los demás»[391]. Y en su acepción tercera alude a la «Conciencia que una persona o colectividad tiene de ser ella misma y distinta a las demás»[392]. Ninguna de las dos acepciones responde a lo que venimos intuyendo que podría significar la identidad digital. No obstante, se acerca más a la tercera acepción, toda vez que no entendemos la identidad digital como la suma de características o rasgos (físicos, psicológicos, culturales, …) que identifican a una persona mediante «identificadores» (en el sentido del art. 4 RGPD cuando define el término «datos personales») y que ya encuentran protección en el derecho a la protección de datos; sino que es la conciencia de lo que creemos ser, pero también lo que los demás creen que somos y lo que queremos mostrar/ofrecer a los demás.

Partiendo de esta definición hemos de examinar los textos referidos. Y así:

- En cuanto al Reglamento IA:

En ninguna parte de su articulado reconoce el derecho a la identidad digital, ni se refiere, siquiera, a la identidad digital. Sí menciona la identidad en distintos artículos, pero en el sentido de la segunda acepción de la RAE, como rasgos físicos que identifican a una persona. Se trata de un concepto alejado del que venimos exponiendo en el presente trabajo. Y así resulta claramente, entre otros, de la definición que nos ofrece en su art. 3.35 de *«"identificación biométrica": el reconocimiento automatizado de características humanas de tipo físico, fisiológico, conductual o psicológico para determinar la identidad de una persona física comparando sus datos biométricos con los datos biométricos de personas almacenados en una base de datos»*[393]. Y este es el mismo significado que le otorga a la identidad en el resto de su

---

391 Disponible en:
https://dle.rae.es/identidad. (Consulta: 24/03/24).

392 *Idem*.

393 Reglamento IA, art. 3.35.

articulado, entre otros, en los arts. 3.36, 5.2, 13.3 o en el Considerando 15[394], y que entendemos que viene a coincidir con la definición que de los datos personales nos ofrece el art. 4 RGPD[395].

Además, el Reglamento IA parte de una premisa a tener en cuenta, pues afirma que no se aprueba para sustituir o modificar la normativa existente en materia de protección de datos, sino que en esta materia se aplicará el *«Derecho de la Unión»*[396]; por tanto, el derecho ya examinado. Y añade que vamos a seguir *«disfrutando de todos los derechos y garantías»*[397] que, en materia de tratamiento de datos, nos atribuye la normativa comunitaria, *«incluidos los derechos relacionados con las decisiones individuales totalmente automatizadas, como la elaboración de perfiles»*[398].

Al mismo tiempo, el Reglamento IA nos conduce a examinar el RGPD y la LOPDGDD en materia de elaboración de perfiles y descubrir si podemos entenderlos en el mismo sentido que creemos que se refiere la jurisprudencia examinada cuando habla de *«visión estructurada»*[399] o perfiles.

- Respecto a la regulación que realizan el RGPD y la LOPDGDD sobre la identidad, nos ofrecen una definición de la misma, entre otros muchos artículos, en el art. 4.1 del RGPD: *«1) "datos personales": toda información sobre una persona física identificada o identifi-*

---

394 *Vid.* Reglamento IA, Considerando 15: *«concepto de "identificación biométrica" que es "el reconocimiento automatizado de características humanas de tipo físico, fisiológico o conductual, como la cara, el movimiento ocular, la forma del cuerpo, la voz, la entonación, el modo de andar, la postura, la frecuencia cardíaca, la presión arterial, el olor o las características de las pulsaciones de tecla, a fin de determinar la identidad de una persona comparando sus datos biométricos con los datos biométricos de personas almacenados en una base de datos de referencia, independientemente de que la persona haya dado o no su consentimiento"»*.

395 *Vid.* art. 4 RGPD.

396 Reglamento IA, art. 2.7.

397 Reglamento IA, Considerando 10.

398 *Idem*.

399 STJUE, Gran Sala, de 13 de mayo de 2014, asunto Google Spain y Google Inc. contra AEPD *et al.*, apartado 37.

cable ("el interesado"); se considerará persona física identificable toda persona cuya identidad pueda determinarse, directa o indirectamente, en particular mediante un identificador, como por ejemplo un nombre, un número de identificación, datos de localización, un identificador en línea o uno o varios elementos propios de la identidad física, fisiológica, genética, psíquica, económica, cultural o social de dicha persona»[400]. Definición aplicable a la LOPDGDD, que remite al RGPD.

Observamos que definen la identidad en un sentido parecido al expuesto en el Reglamento IA. No obstante, este último parece ir un poco «más allá» que la actual normativa referida, utilizando conceptos más amplios para fijar las características humanas que identifican a una persona; en concreto, recoge caracteres de tipo *«conductual»*[401].

En cuanto a la referencia a los perfiles, debemos examinar la regulación prevista en el RGPD, entre otros en los arts. 21[402] y 22[403], toda vez que la LOPDGDD, en su art. 18[404] remite a los citados preceptos del RGPD. Pero esa elaboración de perfiles suele referirse principalmente a *«actividades de publicidad y prospección comercial, incluyendo las de investigación comercial y de mercados»*[405]. En cualquier caso, no regula la posibilidad de supresión, sino el derecho a oponerse *«a las decisiones basadas en la elaboración de perfiles»*[406] y siempre con las

---

400 RGPD, art. 4.1.

401 Reglamento IA, art. 3.35.

402 *Vid.* art. 21 RGPD: *«El interesado tendrá derecho a oponerse en cualquier momento, por motivos relacionados con su situación particular, a que datos personales que le conciernan sean objeto de un tratamiento basado en lo dispuesto en el artículo 6, apartado 1, letras e) o f), incluida la elaboración de perfiles sobre la base de dichas disposiciones».*

403 *Vid.* art. 22 RGPD: *«Todo interesado tendrá derecho a no ser objeto de una decisión basada únicamente en el tratamiento automatizado, incluida la elaboración de perfiles (...)».*

404 *Vid.* art. 18 LOPDGDD: *«El derecho de oposición, así como los derechos relacionados con las decisiones individuales automatizadas, incluida la realización de perfiles, se ejercerán de acuerdo con lo establecido, respectivamente, en los artículos 21 y 22 del Reglamento (UE) 2016/679».*

405 RGPD, art. 34.1.k).

406 *Ibidem,* Considerando 73.

excepciones previstas en el RGPD. Y, entre esas excepciones, podríamos incluir el ejercicio de la libertad de información, aunque expresamente no lo menciona el RGPD. Ahora bien, podemos entenderlo incluido al afirmar que se exceptúa cuando se ejercita por un *«interés público»*[407] o por *«intereses legítimos (…) del responsable del tratamiento»*[408].

Por tanto, en ningún caso, la elaboración de perfiles a la que se refieren el RGPD y la LOPDGDD es la que parece desprenderse de la jurisprudencia del TJUE cuando regula el derecho al olvido. El perfilado al que alude la normativa, comunitaria y nacional, se refiere a trazar las características de una persona, pero con una finalidad, principalmente, comercial/económica. Mientras que cuando el TJUE habla de perfiles, lo hace como sinónimo de que las listas de resultados de los motores de búsqueda nos ofrezcan *«una visión estructurada de la información relativa a esta persona que puede hallarse en Internet»*[409]. Es este último perfilado el que consideramos clave en el derecho a la identidad digital para mejorar, al menos, la conciliación entre protección de datos/libertad de información.

- Hemos de referirnos también al art. 93 LOPDGDD sobre el derecho al olvido en las búsquedas de internet, que no sirve para llenar la laguna que observamos en la conciliación entre los dos derechos en juego. En efecto, el citado precepto sólo permite, como dijimos, que se eliminen de las listas de resultados de los motores de búsqueda, los enlaces que contengan información de una persona, cuando la búsqueda se ha realizado por el nombre[410]; pero sólo cuando esos enlaces, de manera individual, sean *«inadecuados, inexactos, no pertinentes, no actualizados o excesivos o hubieren devenido como tales por el transcurso del tiempo»*[411].

---

407 *Ibidem*, art. 6.1. e).

408 *Ibidem*, art. 6.1. f).

409 STJUE, Gran Sala, de 13 de mayo de 2014, asunto Google Spain y Google Inc. contra AEPD y otro, apartado 37.

410 Parafraseado art. 93 LOPDGDD.

411 LOPDGDD, art. 93.

Este artículo reproduce la jurisprudencia europea y nacional sobre el derecho al olvido[412]. Sin embargo, no hace referencia a la posibilidad de eliminar los enlaces cuando contengan información de una persona que sea exacta, pertinente, no obsoleta…, pero que mostrados los enlaces en conjunto, no individualmente, y en una búsqueda por el nombre, nos ofrezcan una visión panorámica de la misma que atente contra su derecho a la identidad digital, en el sentido expuesto de la conciencia que tiene una persona sobre sí misma y que los demás creen tener de ella y que quiere mostrar a los demás. Es este punto, la inexistencia de la posibilidad de realizar ese borrado, al menos hasta ahora, cuando no concurran los requisitos legal y jurisprudencialmente previstos, el que nos devuelve de nuevo a la idea de un derecho a la identidad digital como una especie de faceta o subderecho del derecho a la protección de datos e íntimamente ligado al derecho al olvido, toda vez que es ahí donde lo pone de manifiesto el TJUE.

- Por otro lado, la CDD sí se refiere a la identidad digital. Se trata de un texto no vinculante, sin carácter normativo, pero que se viene considerando por la doctrina como un referente para la interpretación de derechos digitales. Aunque no sea vinculante, es importante porque abre nuevos caminos, la posibilidad de reconocer en un futuro la existencia de un nuevo derecho a la identidad digital, que entendemos que ya existe en la jurisprudencia (aunque sin mencionarlo expresamente).

Así, la CDD regula el derecho a la identidad digital[413] afirmando que *«es exigible en el entorno digital. Esta identidad vendrá determinada*

---

412 STJUE, Gran Sala, de 13 de mayo de 2014, asunto Google Spain y Google Inc. contra AEPD *et al.* Y STC 58/2018, de 4 de junio.

413 *Vid.* art. 2, CDD, texto completo por su importancia, cuando se refiere a este derecho y establece que «*1. El derecho a la propia identidad es exigible en el entorno digital. Esta identidad vendrá determinada por el nombre y por los demás elementos que la configuran de acuerdo con el ordenamiento jurídico nacional, europeo e internacional.2. Debe garantizarse, con arreglo a nuestro ordenamiento jurídico, el derecho a la gestión de la propia identidad, sus atributos y acreditaciones. Consecuentemente, la identidad no podrá ser controlada, manipulada o suplantada por terceros contra la voluntad de la persona.3. Se establecerán las garantías necesarias que permitan la verificación segura de la identidad en el entorno digital con la finalidad de evitar manipulaciones, suplantaciones, o control de la misma por parte de terceros. 4. Conforme a la normativa aplicable, el Estado deberá garantizar la posibilidad de acreditar la identidad legal en el entorno digital a los efectos oportunos. En aquellos supuestos en los que legalmente se exija un*

por el nombre y por los demás elementos que la configuran de acuerdo con el ordenamiento jurídico nacional, europeo e internacional»[414]. Por tanto, vista la definición que nos ofrece de identidad, parece que se está refiriendo a ella como ese conjunto de rasgos, datos o características que identifican a una persona y la distinguen de otras. Sin embargo, en ningún caso, se refiere a la visión o conciencia que tiene cada persona de sí misma, la que los demás tienen de ella y la que se quiere mostrar u ofrecer a los demás.

Tampoco se refiere a la identidad de manera distinta a la expuesta, cuando se refiere a ella en otros preceptos, como en el art. 26.1. a), relativo a la aplicación de los derechos digitales en las neurotecnologías. El precepto establece que *«1. Las condiciones, límites y garantías de implantación y empleo en las personas de las neurotecnologías podrán ser reguladas por la ley con la finalidad de: a) Garantizar el control de cada persona sobre su propia identidad»*[415].

Señalar que la CDD también regula el derecho al olvido, pero en los mismos términos que las normas sobre protección de datos[416]. Y, al mismo tiempo también reconoce el derecho a no ser perfilados en el art. 5.2: *«El responsable del tratamiento deberá informar explícitamente al interesado sobre (...) el perfilado ...) y sobre el ejercicio del derecho de oposición, y presentarlos claramente y al margen de cualquier otra información y con pleno respeto al derecho a la protección de datos»*[417]. Esta referencia a la elaboración de perfiles es la ya examinada en el RGPD y en la LOPD, toda vez que este precepto remite a la protección de datos regulada en el art. 3 CDD[418] que, a su vez,

---

alto nivel de garantía en la identificación de los sujetos concernidos, el Estado asegurará la provisión y utilización de los medios digitales que serán de aplicación para la acreditación de la identidad».

414   CDD, art. 2.

415   CDD, art. 26.

416   *Vid*. art. 3.4 CDD: *«(...) y derecho a la supresión (derecho al olvido) en los términos previstos en la normativa de protección de datos nacional y europea».*

417   CDD, art. 5.

418   *Vid.* art. 3.1 CDD que regula el derecho a la protección de datos y afirma que *«1. Con arreglo al Reglamento (UE) 2016/679 del Parlamento Europeo y del Consejo de 27 de abril de 2016, y la Ley Orgánica 3/2018, de 5 de diciembre, de Protección de Datos Personales y garantía de los derechos digitales, toda persona tiene*

remite a dicha normativa. Por tanto, no es el perfilado expuesto por el TJUE y que éste utiliza cuando habla de la *«visión estructurada»* que nos ofrecen las listas de resultados de los motores de búsqueda; de la visión global que muestran de la persona, quedando ésta totalmente expuesta a la vista de los demás. Es este perfilado del TJUE, el que hace que nos surja la idea de un derecho a la identidad digital para mejorar la conciliación entre protección de datos/libertad de información. En cualquier caso, la CDD es un texto avanzado. Aunque pensemos que podría haber regulado el derecho a la identidad digital de un modo más próximo a como creemos que lo hace la jurisprudencia del TJUE, lo cierto es que supone un gran avance su regulación, pues ningún texto vinculante regula este derecho.

Una vez examinada la normativa vigente, no encontramos ninguna regulación que venga a cubrir la laguna existente. No obstante, sí observamos grandes progresos en la CDD, con la regulación del derecho a la identidad digital, toda vez que, aunque considera la identidad como el resto de la normativa vigente (como el conjunto de características fisiológicas o de otro tipo, económico, cultural, social..., que identifican a una persona), lo cierto es que parece que, sin ser vinculante, está apuntando, intuyendo... un futuro nuevo derecho o dimensión de un nuevo derecho.

Por otro lado, procede realizar un análisis, principalmente, doctrinal. Y, así, debemos destacar las opiniones de los siguientes autores y organismos:

- En la web del Gobierno de Canarias encontramos una manera diferente de entender la identidad digital. El gobierno autonómico, a través de la Consejería de Educación, Universidades y Sostenibilidad, con fondos FEDER de la UE, elaboró un proyecto educativo para la ciudadanía, en el año 2014, que contaba con distintos módulos de formación[419]. Entre ellos, se encuentra el denominado «Modulo IV.

---

derecho a la protección de los datos de carácter personal que le conciernan». Por tanto, remite la regulación de este derecho a la normativa, nacional y comunitaria, ya examinada.

419 CONSEJERÍA DE EDUCACIÓN, UNIVERSIDADES Y SOSTENIBILIDAD DEL GOBIERNO DE CANARIAS, «Gestión de la identidad digital», *Módulo Ciudadanía e identidad digital*, Gobierno de Canarias, «s.f.». Disponible en: https://www3.gobiernodecanarias.org/medusa/contenidosdigitales/FormacionTIC/cdtic2014/04cd/143_gestin_de_la_identidad_digital.html. (Consulta: 26/03/24).

Ciudadanía digital»[420], que comienza con el tema sobre «Ciudadanía e identidad digital»[421], el cual afirma que «entre las nuevas competencias que la ciudadanía del s. XXI debe adquirir, está la de gestionar eficazmente su propia identidad digital»[422]. Identidad digital que define del modo siguiente: «el conjunto de informaciones publicadas en Internet sobre mí y que componen la imagen que los demás tienen de mí: datos personales, imágenes, noticias, comentarios, gustos, amistades, aficiones, etc. Todos estos datos me describen en Internet ante los demás y determinan mi reputación digital, es decir, la opinión que los demás tienen de mí en la red»[423].

Esta identidad digital comparte sólo algunos rasgos de lo que consideramos qué es la identidad digital, y se aleja de la idea que nos ofrece la jurisprudencia. No compartimos, en ningún caso, la identificación de identidad digital con «reputación digital»[424]. Esta última la podemos identificar con el derecho al honor en formato digital, pero no con nuestra identidad digital (determinada por lo que opinan/opino de mí y quiero que vean) y que podría vulnerarse sin que quedara dañada la reputación digital; si bien también podría dañarla.

Por tanto, observamos en el Gobierno canario un intento de avanzar y adaptarse al entorno digital, que es loable y necesario; pero disentimos de su concepto de identidad digital, que consideramos que es un derecho distinto a la reputación digital. No obstante, es necesario profundizar en esta idea, pero lo haremos desde las dos autoras en quienes se basó el Gobierno canario para elaborar este estudio[425].

- Así, es importante destacar la opinión de Gionés-Valls y Serrat-Brustenga, autoras del artículo utilizado, como hemos dicho, por el

---

420 *Idem*.

421 *Idem*.

422 *Idem*.

423 *Idem*.

424 *Idem*.

425 Afirma el Gobierno de Canarias en su web que «La información de esta página es una adaptación del artículo original "La gestión de la identidad digital: una nueva habilidad informacional y digital" escrito por Aina Giones-Valls y Marta Serrat-Brustenga del Servicio de Bibliotecas y Documentación de la Universidad Politécnica de Cataluña».

Gobierno de Canarias para su trabajo sobre identidad digital. Ellas limitan «el concepto de *identidad digital* a todo aquello que identifica a un individuo en el entorno web»[426]. Y, cuando examinan cómo debe gestionarse la identidad digital, nos ofrecen un concepto de la misma que compartimos sólo en parte.

Señalan, en efecto, que «la gestión de la identidad digital (...) se define como la habilidad de gestionar con éxito la propia visibilidad, reputación y privacidad en la red»[427], y que «En la identidad digital convergen muchos aspectos de carácter sociológico, cultural e incluso psicológico»[428]. Por tanto, la identidad digital sería, según estas autoras, tanto la visibilidad, la reputación, como la privacidad. No obstante, ni la reputación, ni la identificación «automática» con la privacidad, entendemos que forman parte de nuestro concepto de identidad digital. Sin embargo, sí es relevante que la identidad digital esté conformada, también, por elementos externos; opinión que compartimos y que venimos exponiendo, pero en el sentido de que la identidad digital también es lo que los demás piensan que somos.

Al mismo tiempo estas autoras distinguen entre identidad analógica y digital, pero afirmando que ambas responden a nuestra identidad, a «una única identidad»[429]. De este modo, «el conjunto de ambas [identidades, analógica y digital] es, efectivamente, la propia identidad, una única identidad»[430]; siendo la identidad digital «nuestro propio yo dentro de un entorno virtual»[431]. Estas ideas nos conducen a la reflexión de que los derechos son los mismos con independencia del entorno en el

---

426 Giones-Valls, A. y Serrat-Brustenga, M., «La gestión de la identidad digital: una nueva habilidad informacional y digital», *Revista bid*, n.º 24, Facultad de Biblioteconomía i Documentació de la Universitat de Barcelona, Barcelona, 2010, p. 2. Disponible en: http://bid.ub.edu/24/giones2.htm. (Consulta: 26/03/24).

427 Giones-Valls, A. y Serrat-Brustenga, M., obra cit., p. 2.

428 *Ibidem*, p. 4.

429 *Ibidem,* p. 8.

430 *Ibidem*, p.8.

431 Saorín Sánchez, F. L. y Gutiérrez Porlán, I., «La identidad digital del alumnado universitario: estudio descriptivo en la Facultad de educación de la Universidad de Murcia», *Revista Interuniversitaria de Investigación en Tecnología Educativa (RIITE)*, n.º 4, Universidad de Murcia, Murcia, 2018, p. 89. Disponible en: https://revistas.um.es/riite/article/view/300001/231791. (Consulta: 22/03/24).

que los ejerzamos, analógico o digital. No obstante, en este supuesto, estamos en presencia de un derecho a la identidad digital, toda vez que es en este mundo tecnológico donde observamos la necesidad de su existencia para cubrir la laguna existente en materia de conciliación.

- Es interesante destacar, también, la opinión de Gomes de Andrade, que habla de un derecho a la identidad[432]. Este autor considera que existen tres derechos distintos, el derecho a la privacidad, a la identidad y a la protección de datos, pero que este último no sería realmente un derecho porque, según él, sólo establece «los procedimientos y métodos para lograr el respeto de los valores encarnados en otros derechos»[433]. No obstante, no compartimos que el derecho a la protección de datos no sea realmente un derecho. La jurisprudencia lo viene considerando, desde hace tiempo, como un derecho autónomo; y compartimos esta postura.

Y respecto al derecho a la identidad, señala que es el que «atañe a todos los datos personales —sin importar si son ciertos o no— que puedan falsificar o transmitir una imagen errónea de la propia identidad»[434]; y lo define como «el derecho a ser diferente de los demás, el derecho a ser único»[435]. Es sumamente interesante y novedosa la definición que ofrece del derecho a la identidad. En primer lugar, porque lo considera un derecho, pero, además, es un derecho que no identifica sólo con las características o datos físicos, psicológicos, sociales, etc..., con los datos personales —que es lo que comprende, con todas sus facetas y subderechos, nuestro derecho a la protección de datos—, sino quizás más bien con los factores psicológicos y sociales a los que también se refieren Gionés-Valls y Serrat-Brustenga, pero que no son meros identificadores. Podemos entender por factores

---

432 NUNO GOMES DE ANDRADE, N., «El olvido: El derecho a ser diferente... de uno mismo. Una reconsideración del derecho a ser olvidado», *Monográfico del VII Congreso Internacional Internet, Derecho y Política. Neutralidad de la red y otros retos para el futuro de Internet*, *IDP Revista de los Estudios de Derecho y Ciencia Política de la UOC*, n.º 13, UOC, Barcelona, febrero de 2012, p. 73. Disponible en: https://dialnet.unirioja.es/servlet/articulo?codigo=3865431. (Consulta: 31/01/24).

433 *Idem*.

434 *Idem*.

435 *Idem*.

psicológicos los «componentes propios de cada individuo, características y tendencias, que en combinación construyen personalidades específicas y diferentes en cada persona (...) (OMS, 2016)»[436]. Y por factores sociales aquéllos «que necesita [el ser humano] de los demás para constituirse en la sociedad y sentirse parte de la misma»[437]. Estos factores, entendidos en el sentido que acabamos de definir, sí podrían acercarnos un poco más a nuestra definición de identidad digital, que no es la suma de datos/rasgos que identifican a una persona.

- El derecho a la identidad, además, está reconocido en algunos países. Desde 2014, la Constitución política de los Estados Unidos Mexicanos regulan este derecho en su art. 4 afirmando que *«Toda persona tiene derecho a la identidad y a ser registrado de manera inmediata a su nacimiento. El Estado garantizará el cumplimiento de estos derechos»*[438]. Tal y como está recogido, parece claro que se refiere a la identidad como suma de rasgos, del mismo modo que realiza nuestra CDD. No obstante, autores como López Serna y Kala, en un artículo sobre el derecho a la identidad en México, señalan que «la Suprema Corte de Justicia de la Nación (...) se ha pronunciado sobre el derecho a la identidad precisando que se configura no solo por el reconocimiento de su origen biológico sino por su realidad social [...] la identidad no se agota en lo biológico. (...) se construye a través de múltiples factores psicológicos y sociales»[439], a los que ya nos hemos referido. Esta forma de entender los tribunales el derecho a la identidad sigue siendo cercana al ámbito de protección de nuestro derecho a la protección de datos. No obstante, si consideramos que estos otros factores no son meros «identificadores» (en el sentido del art. 4 RGPD), sino que los entendemos conforme a las definiciones antes expuestas sobre los factores psicológicos y sociales; entonces

---

436 Maitta Rosado, I. *et al.*, «Factores biológicos, psicológicos y sociales que afectan en la salud mental», *Revista Caribeña de Ciencias Sociales*, Future Publishers Group Ltda, Brasil, 2018. Disponible en: https://www.eumed.net/rev/caribe/2018/03/factores-salud-mental.html. (Consulta: 2/04/24).

437 *Idem*.

438 Disponible en: https://www.diputados.gob.mx/LeyesBiblio/pdf/CPEUM.pdft. (Consulta 22/03/24).

439 López Serna, M. L. y Kala, J. C., «Derecho a la identidad personal, como resultado del libre desarrollo de la personalidad», *Ciencia Jurídica*, vol. 7, n.º 14, Universidad de Guanajuato, Guanajuato, 2018, p. 68. Disponible en: https://www.cienciajuridica.ugto.mx/index.php/CJ/article/view/284/331.(Consulta: 26/03/24).

podrían acercarse a la idea de identidad digital como sinónimo de conciencia de quiénes somos/qué queremos mostrar, y de lo que los demás piensan que somos.

Estos autores ahondan en el derecho a la identidad, que consideran inseparable del derecho al libre desarrollo de la personalidad, y afirman que «La identidad como derecho implica las características y rasgos que le son propios al individuo y que además sirven de elementos para diferenciarlo del resto, ya sea del orden físico, biológico, social o jurídico»[440]. Pero también señalan (y esto es interesante, aunque no lo compartamos), que «este derecho va más allá de la posibilidad de poseer estas características (…). Al ser un derecho, la persona debe poder tener la potestad suficiente para elegir por sí mismo todas aquellas características que le afecten exclusivamente de manera personal»[441]. El poder determinar tu propia identidad, y controlar/gestionar lo que tú piensas que eres y lo que quieres que los demás «vean» de ti, se aleja de lo que venimos entendiendo por identidad digital; toda vez que nosotros entendemos que también la conforman elementos externos, la visión que los demás tienen de nosotros —del mismo modo que ocurre en otros derechos, como el derecho al honor—. Y en este mismo sentido, compartimos la idea ya expuesta, parafraseando a Wood y Smith, de que la identidad digital es una estructura compleja integrada por tres elementos: quién creemos ser, cómo queremos que los demás nos «vean» y cómo nos «ven» realmente[442]. Creemos que es la definición que precisa, con mayor exactitud, lo que entendemos que es la identidad digital.

4.2. Propuesta de reforma constitucional y *de lege ferenda* o de *soft law*

Vamos a plantear varias propuestas de reforma para tratar de dar una respuesta adecuada a los dos problemas planteados. El primero es la escasa y dispersa normativa y jurisprudencia existente en mate-

---

440 *Idem*.

441 *Ibidem,* pp. 68-69.

442 Parafraseado de Wood, A. F. y Smith, M.J., *Online communication: linking technology, idenity, and culture*, LEA, New Jersey, 2005, p. 51-77. En su obra dedican el capítulo 3 a «Forming online identities».

ria de conciliación entre el derecho a la protección de datos y la libertad de información, a excepción de la jurisprudencia sobre el derecho al olvido. Y el segundo, como dijimos, la existencia de una laguna en materia de conciliación, vinculada al derecho al olvido (y, por tanto, al derecho a la protección de datos) y que nos ha llevado al estudio de la identidad digital.

Del examen de la normativa y doctrina expuesta en esta monografía, podemos concluir que existe un derecho a la identidad digital[443] que nos sirve —al menos, en lo que respecta a nuestro estudio, aunque es un derecho mucho más amplio— para mejorar la conciliación entre el derecho a la protección de datos y el derecho a la libertad de información. Consideramos que se trata de un derecho autónomo, en el mismo sentido que el derecho al olvido[444] (al que está íntimamente ligado). Y del mismo modo que el derecho al olvido está integrado en el derecho a la protección de datos, completando el contenido de este último derecho. Podríamos decir que es un derecho autónomo y, a la vez, un subderecho o faceta que garantiza el derecho a la protección de datos —como lo hacen los demás derechos que lo conforman—. A su vez, el derecho al olvido es una garantía del derecho a la identidad digital, como expondremos.

De esta manera, no sólo queda protegida nuestra identidad como suma de características/rasgos a través de identificadores (que está amparada por nuestro derecho a la protección de datos); sino también nuestra identidad digital que comprende elementos internos y externos: la conciencia/visión que cada uno tiene de sí mismo, de lo que quiere mostrar a los demás y la visión que los demás tienen de nosotros.

---

443 La construcción del derecho a la identidad digital será una futura línea de investigación. En ella trataremos de determinar los diferentes aspectos de su naturaleza jurídica: contenido esencial, elementos, definición...

444 Existen opiniones contrapuestas sobre el derecho al olvido:
- La AEPD ha venido considerándolo como una «manifestación del derecho de supresión aplicado a los buscadores de internet». Disponible en: https://www.aepd.es/areas-de-actuacion/internet-y-redes-sociales/derecho-al-olvido. (Consulta: 2/04/24).
- La jurisprudencia constitucional lo considera como un auténtico derecho pero integrado en el derecho a la protección de datos, necesario para garantizar este último.

Además, para la existencia de este derecho a la identidad digital, debemos destacar, sobre todo, lo siguiente:

- La jurisprudencia del TJUE cuando regula el derecho al olvido: porque de ella extraemos, como dijimos, la clave que nos ha llevado a considerar que existe este derecho a la identidad digital y que sirve, al menos, para cubrir la laguna observada en materia de conciliación entre protección de datos/libertad de información. La clave se encuentra en que el TJUE considera que la base del borrado de los enlaces que nos muestran las listas de resultados de los motores de búsquedas (cuando éstas se efectúan por el nombre), es evitar una visión global de la persona que puede ir contra su identidad digital. Es cierto que el TJUE no alude expresamente a la identidad digital, pero sí nos muestra la idea sin ahondar en la misma y dejando sin resolver cuestiones importantes que plantea esa «visión estructurada» cuando la ligamos sólo al actual contenido de la protección de datos.

El problema que no resuelve el TJUE es que no permite el borrado de los citados enlaces (en búsquedas efectuadas por el nombre), cuando los enlaces no contienen datos/información inexacta, no pertinente, desactualizada, Y, ello, aunque los enlaces estén conformados con retazos de noticias que se encuentran en el mundo digital, que nos muestren una visión completa, más bien sesgada, de la persona y que podría ser contraria al derecho a la identidad digital. En este supuesto prevalece la libertad de información en su conciliación con la protección de datos, toda vez que este último derecho no está compuesto, actualmente, por este subderecho o faceta del mismo que sería la identidad digital. Es necesario cubrir esta laguna, ya que la exposición en la red no nos priva de nuestros derechos del art. 18[445].

- Y también debemos tener en cuenta la CDD: que, aunque no es vinculante, ya apunta hacia la posibilidad de la existencia de un derecho a la identidad digital (del mismo modo que algunos de los autores examinados).

Podríamos hablar, en resumidas cuentas, de un derecho a la identidad digital (mejor que derecho a la identidad, por el entorno en el que se ejerce, pero siendo el mismo derecho). Nos encontramos ante un derecho a la identidad digital que se integra y amplía el contenido

---

445   *Vid.* STC, Sala 2.ª, 27/2020, de 24 de febrero, FJ 3, cuando señala, como dijimos, que no «*puede afirmarse que los ciudadanos de la sociedad digital hayan perdido o renunciado a los derechos protegidos en el art. 18 CE*»

del derecho a la protección de datos, del mismo modo que lo hace el derecho al olvido, al que está íntimamente ligado[446].

Y con ello, insistimos, estamos ampliando el derecho a la protección de datos, reformulándolo para adaptarlo todavía más a la realidad actual, mucho más tecnológica, como se observa con la aprobación reciente del Reglamento IA. Es una adaptación que responde a lo recogido en la Carta de Derechos Digitales cuando afirma que *«no se trata necesariamente de descubrir derechos digitales pretendiendo que sean algo distinto de los derechos fundamentales ya reconocidos»*[447]. Sobre ello profundiza Arenas Ramiro, compartiendo su opinión, cuando señala «que más que nuevos derechos digitales, lo que se produce es una impregnación del carácter digital en los derechos ya existentes, en su ejercicio, y que lo que se requiere es un proceso de reinterpretación o desarrollo de los tradicionales derechos adaptándolos y protegiéndolos en un entorno digital»[448].

Y esto es lo que ocurre con el derecho a la protección de datos, que se encuentra en una evolución constante y que ahora debe volver a adaptarse a la realidad vigente, ampliando su contenido con este nuevo derecho (subderecho o faceta), que es el derecho a la identidad digital. El derecho a la identidad digital, a su vez, tiene como garantía el derecho al olvido (al que aparece ligado en la jurisprudencia expuesta) y, con ello, mejoramos la conciliación entre protección de datos/libertad de información. Este último derecho tiene, lógicamente, un nuevo límite en el derecho a la identidad digital.

---

446 No hay que olvidar que la propia jurisprudencia constitucional viene afirmando que el derecho al olvido está integrado en el derecho a la protección de datos Por todas, STC, Pleno, 89/2022, de 29 de junio, FJ 3.

447 CDD, Consideraciones previas. *Vid.* cuando se señala que «*la Carta de derechos digitales que se presenta no trata de crear nuevos derechos fundamentales sino de perfilar los más relevantes en el entorno y los espacios digitales o describir derechos instrumentales o auxiliares de los primeros. Se trata de un proceso naturalmente dinámico dado que el entorno digital se encuentra en constante evolución con consecuencias y límites que no es fácil predecir*». Disponible en: https://www.lamoncloa.gob.es/presidente/actividades/Documents/2021/140721-Carta_Derechos_Digitales_RedEs.pdf. (Consulta: 31/01/24).

448 Arenas Ramiro, M., «Los derechos digitales y la buena Administración digital» en Medina Guerrero, M. (coord.), *Los derechos de la ciudadanía ante la Administración digital*, CEPC, Madrid, 2023, p. 42.

La ampliación del derecho a la protección de datos no supone ningún problema. La evolución de los derechos «se enmarca en el propio continuum interpretativo al que se someten todas las normas»[449], toda vez que «la idea de una constitución inmutable en el tiempo, se aleja de cualquier consideración de un derecho dinámico y susceptible de adaptación a los momentos en que se aplica»[450].

Por tanto, el derecho a la identidad digital completa el derecho a la protección de datos. Sirve, al menos, para mejorar la conciliación entre los derechos en juego ante la inexistencia de una regulación expresa de la excepción periodística con lo que ello conlleva de, entre otras cuestiones, la imposibilidad de eliminación de los enlaces que nos ofrecen las listas de resultados de los motores de búsqueda que ofrecen una visión general, y sesgada, de una persona formada por trozos de informaciones (incluso a veces acompañadas de fotografías), cuando los enlaces son exactos, … Esta eliminación no es posible amparada en el actual derecho a la protección de datos, con su regulación normativa y con toda la amplitud que nos ofrece la jurisprudencia. Como dijimos, ese borrado es posible cuando examinados individualmente los enlaces, éstos sean *«inadecuados, inexactos, no pertinentes, no actualizados o excesivos o hubieren devenido como tales por el transcurso del tiempo»*[451]; pero no ampara el borrado que no reúna estos requisitos. Es decir, no ampara la supresión cuando los datos/información que queda expuesta en los enlaces de las listas de resultados (en búsquedas por el nombre), son adecuados, exactos, pertinentes, actualizados, y no excesivos; pero que examinados en conjunto nos ofrecen una visión panorámica de la persona que puede atentar contra su identidad digital, en el sentido expuesto de ir contra la conciencia que una persona tiene de sí misma o de lo que quiere mostrar a los demás, o de la visión que los demás tienen de ella.

Por tanto, esta parte del contenido del derecho a la protección de datos que es el derecho al olvido, tal y como está planteado en la normativa y en la jurisprudencia más reciente del TJUE y de nuestro Alto Tribunal, no resuelve la conciliación entre protección de datos/libertad de información, desde el momento en el que no se borra, con carácter general, esa visión integral que podemos obtener de una per-

---

449 *Vid.* Balaguer Callejón, M. L., obra cit., p. 43.

450 *Idem*.

451 LOPDGDD, art. 93.

sona, pública o privada, si las webs a las que remiten los enlaces de las listas de resultados de los motores de búsqueda contienen datos/información verdadera, no obsoleta...

El borrado de la información contenida en los citados enlaces se consigue ampliando el contenido del derecho a la protección de datos. No se trata de primar, en ningún caso, la protección de datos (ampliada con el derecho a la identidad digital) sobre la actividad periodística, sino de hacer prevalecer el borrado de enlaces en búsquedas por nuestro nombre que nos ofrezcan una visión general, una exposición sesgada cuando sea contraria a nuestra identidad digital en el sentido que venimos refiriendo. Lógicamente, sin perjuicio de primar la libertad de información (base del sistema democrático), como hace la jurisprudencia expuesta, y no proceder al borrado de ninguna noticia, ni tampoco cuando las búsquedas no se realicen por el nombre.

Evidentemente, estamos dejando a los Tribunales que efectúen el juicio de ponderación y determinen si debe prevalecer, o no, en cada supuesto, el derecho a la libertad de información o a la identidad digital (integrada en la protección de datos). Y, para ello, tendrán en cuenta que este derecho consiste no sólo en la visión que tenemos de nosotros, sino en la que los demás creen tener y en lo que queremos mostrar a los demás. Consideramos que este último elemento será clave en esa ponderación, toda vez que se podrá tener en cuenta qué datos/información ha ido mostrando o compartiendo la persona a través de las redes. Pero, en cualquier caso, se podrá proceder al borrado aunque los datos/información de los enlaces reúnan todos los requisitos legal y jurisprudencialmente previstos para su no borrado (veraces, no obsoletos, de persona pública, de interés público...), siempre que los mismos, examinados en conjunto, nos ofrezcan una visión completa (y sesgada) de la persona que vulnere su derecho a la identidad digital.

Por tanto, la ampliación del contenido del derecho a la protección de datos es necesaria, toda vez que en este mundo digital la facilidad de acceder a las informaciones a través de los buscadores no es comparable con esa visión panorámica que podrían ofrecernos los medios analógicos. Ahora es suficiente con disponer de un ordenador, apretar una tecla o introducir un nombre en un buscador para hacernos una «imagen» de la persona que puede vulnerar su derecho a la identidad.

Insistimos en que el derecho a la identidad digital es un derecho que forma parte del contenido del derecho a la protección de datos y que está ligado al derecho al olvido, como se desprende de la importante STJUE sobre el derecho al olvido —STJUE, Gran Sala, de 13 de mayo de 2014, asunto Google Spain y Google Inc. contra AEPD *et al.* —. En ningún caso, el derecho a la identidad digital implica la creación de un derecho nuevo, sino que el mismo se deduce del estudio, insistimos, de la propia jurisprudencia, normativa y doctrina examinada. También se deduce de la adaptación del derecho a la protección de datos a los grandes avances tecnológicos que estamos viviendo en estos momentos y, sobre todo, ha surgido de la laguna observada en materia de conciliación entre protección de datos/libertad de información. El derecho a la identidad digital nos permite resolver esta laguna a través del derecho al olvido, ampliando este último. Por tanto, también se convierte la identidad digital en un límite para la libertad de información.

Por lo expuesto, proponemos dos reformas distintas:

- Una propuesta de reforma constitucional. Lógicamente, esta propuesta no es la solución directa (sí indirecta) a la mejora de la conciliación, finalidad de esta monografía; pero es necesaria la reforma de la terminología que proponemos porque los operadores jurídicos no podemos «mirar hacia otro lado» ante las necesidades de adaptar el derecho a la realidad.

No obstante, antes de efectuarla nos hemos planteado, al menos sucintamente, si es necesaria o no la misma para incluir nuevos derechos en la Constitución, lo que entronca con el tema de la posibilidad de actualizar aquélla. Existen opiniones doctrinales encontradas en torno a si nuestra CE contiene o no cláusula de actualización de derechos que, salvo mejor criterio, consideramos prevista[452] en el art. 10 CE, que nos remite a la interpretación de los derechos y libertades existentes conforme a las normas internacionales sobre la materia. Por ello, es posible «crear» nuevos derechos sin necesidad de refor-

---

452 En sentido contrario se pronuncian, entre otros, ROIG, A., «E-privacidad y redes sociales», *Revista de los Estudios de Derecho y Ciencia Política*, n.º 9, UOC, Barcelona, 2009, p. 43. Cuando afirma que «es preciso saber que la Constitución española, a diferencia de la portuguesa o la americana, por ejemplo, no contiene ninguna cláusula de actualización de derechos fundamentales. Por lo tanto, los posibles nuevos derechos que aparezcan como consecuencia de la extensión de las nuevas tecnologías de la información y la comunicación no pueden ser descubiertos autónomamente por el Tribunal Constitucional». Disponible en: https://www.redalyc.org/pdf/788/78813254010.pdf. (Consulta: 30/01/24).

mar la Constitución para incluir otros, toda vez que los existentes se pueden actualizar y adaptar a las vigentes necesidades de una sociedad digitalizada.

Y ahondando en esta idea, compartimos la reflexión que realiza Tur Ausina —refiriéndose a la historia del derecho público— cuando afirma que «antes de inventar ninguna categoría, institución o principio, conviene reinventar o reajustar las existentes»[453]. Llevando esta sugerencia al ámbito de los derechos fundamentales, no sería necesario plantear una reforma constitucional para ampliar derechos, considerando suficientes los existentes, si bien con la oportuna adecuación a la realidad tecnológica del contenido de los mismos en los términos señalados anteriormente.

Aunque pudiera resultar contradictorio con los antecedentes expuestos, lo cierto es que vamos a realizar una propuesta de reforma constitucional; pero ésta es sencilla y, por tanto, acorde con las afirmaciones vertidas. La propuesta se realiza al margen de los problemas que venimos exponiendo, toda vez que con ella también mejorará la conciliación, al modificarse la terminología del art. 18.4 CE (que es lo que proponemos) y adaptarse a la que usualmente es utilizada en la actualidad.

No se pretende la introducción de un nuevo derecho fundamental, un derecho a la identidad digital, simplemente pretendemos una mayor claridad del art. 18.4 CE, precepto básico en esta sociedad tecnológica, para sustituir el texto actual por otro que recoja la denominación jurisprudencial y legislativa ampliamente utilizada de derecho a la protección de datos. La revolución tecnológica que vivimos hace necesaria la adaptación del art. 18.4 CE a la realidad normativa, comunitaria y nacional, así como, sobre todo, a la realidad de la propia ciudadanía. Es evidente que tanto en el mundo analógico como digital se utiliza la terminología «derecho a la protección de datos» —lo hemos reiterado a lo largo del presente trabajo—, y es así como se recoge en el RGPD y en la LOPDGDD, como en el resto de normas y documentos no vinculantes examinados y en la doctrina expuesta.

---

453 Tur Ausina, R., «Lealtad constitucional y democracia», *Revista de derecho político*, n.º 101, UNED, Madrid, 2018, p. 511. Disponible en: https://www.proquest.com/docview/2281095874/fulltextPDF/AB451064E3D34FECPQ/1?accountid=28939. (Consulta: 30/01/24).

Esta reforma que pretendemos no es ninguna utopía, toda vez que se acaba de realizar la tercera reforma constitucional para modificar la terminología de un artículo. En concreto, la modificación del art. 49 CE, en fecha 15 de febrero de 2024[454]. Sin perjuicio de ser conocedoras que la reforma del art. 18.4 CE es mucho más complicada, toda vez que requiere el procedimiento reforzado de reforma del art. 168 CE, con todo lo que ello implica de disolución de las Cortes y elección de nuevas Cámaras.

No obstante, salvando las complicaciones, creemos que es posible a la vista de la reciente reforma que señala en su Preámbulo que se realiza porque *«el mencionado artículo ha desplegado una notable influencia en la actuación de los poderes públicos y ha sido objeto de un considerable desarrollo legislativo»*[455], así como por la necesidad de adaptarse a la normativa internacional. Y es esto también lo que ocurre en materia de protección de datos, por lo que, en consecuencia, la reforma que proponemos es posible, toda vez que la pretensión es la misma, modificar la terminología existente y sustituirla por el concepto usado de manera general. Los nombres son importantes, pues con ello se consigue un mejor conocimiento de la protección de datos por parte de la ciudadanía, al encontrarla expresamente regulada en un precepto constitucional.

Se propone, por tanto, el siguiente texto del art. 18.4 CE: *«Se garantiza el derecho a la protección de datos personales».* No siendo necesario introducir el derecho a la identidad digital, toda vez que, como el derecho al olvido, forma parte del contenido del derecho a la protección de datos, tal y como hemos expuesto.

- Y, en segundo lugar, realizamos una propuesta de *lege ferenda* o de *soft law*, que siempre es posible para una más rápida adaptación de la legislación vigente a la realidad social. Y, sobre todo, si tenemos en cuenta la previsión del RGPD[456] que exigía a los legisladores nacionales la introducción de la «excepción periodística» a las reglas generales de regulación del derecho a la protección de datos. Dicha excepción no se ha introducido. Por tanto, nos encontramos con escasa y dispersa

---

454 Publicada en el BOE de 17 de febrero de 2024.

455 *Idem*.

456 *Vid.* Considerando 153 RGPD.

normativa y jurisprudencia en materia de conciliación entre el derecho a la protección de datos y la libertad de información, a excepción de la jurisprudencia sobre el derecho al olvido.

Nuestra propuesta parte de esta premisa y simplemente pretende que el legislador, sin necesidad de modificar la actual LOPDGDD, elabore una norma —al estilo del Código de buenas prácticas del Reino Unido— para la conciliación entre el derecho a la protección de datos con la libertad de información. Y que lo haga «bebiendo» de ese Código, de lo bueno que tiene y depurando los errores entre los que se incluyen un exceso de articulado y ejemplos que terminan dificultando su comprensión. Se trataría de recoger, tal y como que hemos expuesto en los epígrafes precedentes, toda la normativa y jurisprudencia que aparece dispersa en la LOPDGDD y en el RGPD, que establecen excepciones periodísticas a la aplicación general de las normas; e incluyendo también toda la jurisprudencia que trata dicha conciliación, al menos las sentencias relativas al derecho al olvido y cuya doctrina aparece resumida en la reciente STS, Sala de lo contencioso, 1757/2023, de 21 de diciembre. Y se propone, asimismo, la introducción de la necesaria referencia a la posibilidad del borrado de los enlaces que nos ofrecen las listas de resultados de los motores de búsqueda, en búsquedas efectuadas por el nombre. Y sólo de aquellos enlaces que recojan fragmentos/retazos de noticias que, examinados en su conjunto, nos muestren una visión completa de la persona que pueda atentar contra su derecho a la identidad digital en el sentido que venimos exponiendo, aunque la información de los enlaces sea cierta, actualizada…

En ningún caso, con esta última inclusión en la propuesta de *lege ferenda* o de *soft law* (no habría necesidad de que fuera vinculante) se pretende borrar información, noticias difundidas digitalmente en el ejercicio del derecho fundamental a la libertad de información. Más bien al contrario, partimos de su no borrado. El borrado debe ser sólo de los enlaces que nos ofrezcan los motores de búsqueda generalistas, cuando las búsquedas se realicen por el nombre; pero, eso sí, con independencia de la información que contengan dichas páginas/enlaces: si son o no veraces, si se refieren o no a personas públicas, o si están o no obsoletos..., siempre que la visión conjunta que muestren atente contra la identidad digital.

La búsqueda por el nombre en el mundo digital nos lleva a que las búsquedas muestren un perfil, una visión panorámica —y sesgada— de la persona, que la expone al público en general como una radiografía, que lo hace rápidamente, a golpe de «ratón» y que podría vulnerar su derecho a la identidad digital. El derecho a la información, en el mundo analógico, no permitía esa exposición de la identidad con carácter general, sin perjuicio de que las noticias pudieran tener repercusión en la televisión, etc. El problema ahora es que no se necesita buscar periódicos antiguos en papel, basta un golpe de click y se encuentra la panorámica, el perfil de cualquier persona. Debemos preservar nuestra identidad digital y fomentar la libertad de información; y para ello la reforma que proponemos debe incluir también esta posibilidad de borrado cuando se vulnere el derecho a la identidad digital.

Con esta propuesta de *lege ferenda* o de *soft law* se obtiene un código que regule la excepción periodística, que recoja toda la normativa y jurisprudencia existente en materia de conciliación entre protección de datos/libertad de información y que ahora mismo se encuentra dispersa; además de mejorar la conciliación, ampliando el contenido actual de la protección de datos con el derecho a la identidad digital. En todo caso, se consigue una tutela más efectiva para los titulares de los derechos en juego. Quienes ejercen la libertad de información tendrán una mayor garantía, toda vez que dispondrán de un Código que les facilitará el ejercicio de la actividad informativa, sin la inseguridad jurídica que conlleva la existencia de normativa dispersa. Al mismo tiempo, con la ampliación de la protección de datos, incluyendo el derecho a la identidad digital, se consigue que los titulares de este derecho tengan protegida una nueva faceta de su privacidad frente a los inexorables avances tecnológicos; garantizándoles una mayor efectividad del derecho a la protección de datos.

CONSIDERACIONES FINALES

A lo largo de la presente monografía hemos ido examinando la evolución del derecho fundamental a la protección de datos y a la libertad de información, teniendo siempre como referente la tecnología, para tratar de conciliar ambos derechos. Se ha realizado un estudio crítico de la excepción periodística y se han formulado propuestas para enriquecer la conciliación entre ambos derechos fundamentales. Este estudio ha dado lugar a las siguientes reflexiones:

1.- El nacimiento y evolución del derecho a la protección de datos es consecuencia de los primeros avances tecnológicos, no sólo informáticos, que por nimios que nos puedan parecer ahora, contribuyeron a iniciar el largo camino hasta su incorporación en nuestra Constitución en el art. 18.4 CE.

Hemos de agradecer a nuestros constituyentes que tuvieran una «visión» acertada, y adelantada, de lo que es el actual derecho a la protección de datos y lo incorporaran como derecho fundamental. Quizás falló la técnica legislativa, toda vez que no utilizaron la expresión «protección de datos» que ya se había incorporado a otras legislaciones de nuestro entorno más cercano. Sin embargo, supieron ver la necesidad de su regulación para protegernos frente al uso inadecuado de la informática.

Al mismo tiempo, el contenido del derecho a la protección de datos evoluciona teniendo siempre como referente la tecnología. Tras los avances tecnológicos van surgiendo las primeras normas sobre protección de datos, en el ámbito europeo y nacional y se «crea» jurisprudencialmente el mismo.

2.- Respecto a la libertad de información, sin la influencia tecnológica de la protección de datos, los constituyentes la incorporaron a la CE, como derecho fundamental, con una regulación en la que echamos en falta una mayor concreción sobre el término «veraz», que después se convertirá en uno de los puntos clave en la conciliación con la protección de datos.

Dicho término ha sido concretado jurisprudencialmente. Compartimos el criterio que fija el TC y que mantendrá en el tiempo, de considerar la veracidad como subjetiva, no resultando necesario que la noticia/información sea verdadera objetivamente, pues basta que se haya realizado una labor diligente por quien ejerce la libertad de información.

Por otro lado, el concepto jurisprudencial de veracidad no ha cambiado, sigue siendo el mismo en la actualidad, si bien las condiciones del ejercicio de la libertad de información han mutado por el entorno digital actual, mucho más tecnológico que en otras épocas. Quizá por ello debería entonces mutar, al menos *de facto*, el significado para adaptarlo a esta realidad.

Observamos, en efecto, que la digitalización experimentada por nuestra sociedad actual ha provocado que repetir una información constantemente en un medio digital, aunque no la convierte necesariamente, y desde el punto de vista jurídico, en una información verdadera, sí la «transforma» en verdadera *de facto* para la sociedad en general. Esas noticias repetidas acaban convertidas en «verdades tecnológicas» y pueden afectar a la identidad digital de la persona.

Por tanto, el concepto de veracidad debe experimentar una transformación, nunca para exigir una veracidad objetiva, sino para exigir, si cabe, una mayor diligencia en este mundo digital, imponiendo a quien ejerce la libertad de información, que sea más cuidadoso en su búsqueda, que acuda a las fuentes, y que no se base en meras suposiciones o rumores, o en «verdades» repetidas.

Además, esa mayor diligencia debe exigírsele a los titulares de la libertad de información que han ido variando al compás de los avances tecnológicos. En el mundo analógico no nos planteábamos quién podía ejercer este derecho fundamental, dábamos por hecho que eran periodistas profesionales. Sin embargo, conforme nos hemos adentrado en esta sociedad digitalizada, la titularidad de la libertad de información pasa a depositarse, de forma intensa, en la ciudadanía. Esto es lógico, pues las nuevas tecnologías están al alcance de cualquier persona y, además, ni el art. 20.1 d) CE, ni el art. 11 CDFUE impiden que el derecho a la libertad de información sea ejercido por quienes no son periodistas profesionales, como así lo corrobora, por lo demás, la jurisprudencia.

Es un derecho de la ciudadanía el poder ejercer la libertad de información, pero deben cumplir, como los periodistas profesionales, los requisitos que la jurisprudencia constitucional exige respecto del término veracidad, debiendo ser diligentes en la elaboración de las noticias/informaciones que vierten en las redes. Y el alcance, la intensidad de la diligencia, en principio, debería ser la misma.

3.- Conforme avanzamos en la digitalización de la sociedad, constatamos una necesidad cada vez mayor de conciliar los derechos examinados: protección de datos/libertad de información. Y, al mismo tiempo, observamos que tanto la regulación normativa como la interpretación jurisprudencial de dichos derechos, no terminan de perfilar adecuadamente esa conciliación.

Pero, entonces, ¿es posible la conciliación entre estos dos derechos con la normativa actual de protección de datos? La respuesta es afirmativa; es posible con la excepción periodística, es decir, no aplicando toda la normativa vigente sobre protección de datos al ejercicio de la libertad de información.

Nos encontramos con una vasta legislación, amplísima, en materia de protección de datos (RGPD y LOPDGDD). Si aplicáramos toda esa normativa a la libertad de información prácticamente se impediría, *de facto*, el ejercicio de este derecho fundamental. Lo cierto es que el RGPD sí tiene la intención de fomentar la conciliación a través de excepciones/exenciones periodísticas, aunque creemos que no lo logra del todo. Por un lado, porque el legislador nacional no ha cumplido con el mandato comunitario de regular él la excepción periodística. Y, por otro lado, la regulación que está contenida en la normativa comunitaria y nacional es escasa, dispersa y, en ocasiones, se refiere a ella de manera indirecta.

4.- En el estudio, crítico y práctico, de la excepción periodística, nos hemos encontrado con una laguna en la normativa —y también en la jurisprudencia— cuando tratamos de conciliar la protección de datos y la libertad de información a través del derecho al olvido.

Para resolver la laguna que creemos que existe es clave la STJUE de 2014, a la que nos venimos refiriendo. En particular, cuando afirma el TJUE que la justificación del «borrado» de la información se encuentra en que las listas de resultados de los buscadores que nos ofrecen una *«visión estructurada»* de la persona que permite *«establecer un perfil más o menos detallado»* de ella.

Por tanto, creemos que será posible el borrado de los enlaces de las listas de resultados de los motores de búsqueda (en búsquedas por el nombre), cuando los enlaces ofrezcan una panorámica general —y sesgada— de la persona que atente contra su identidad digital, es decir, contra la conciencia que una persona tiene de sí misma o de lo que quiere mostrar a los demás, o de la visión que los demás tienen de ella. Y ello, aunque examinados individualmente los enlaces, éstos reúnan los requisitos legal y jurisprudencialmente exigidos y, por tanto, sean exactos, actualizados…; pero que examinados en conjunto esos enlaces (que contengan retazos de noticias), nos ofrezcan esa visión panorámica de la persona que pueda atentar contra su identidad digital en el sentido referido.

Con esta solución que proponemos no tratamos de primar el derecho a la protección de datos sobre la libertad de información, nada más lejos de nuestra intención, sino que pretendemos cubrir una laguna existente que creemos que mejorará la conciliación entre ambos derechos. Esta mejora es posible con la «figura» de la identidad digital a la que, sin mencionarla expresamente, nos conduce la STJUE cuando habla de «visión estructurada» de la persona. No obstante, ni el TJUE, ni tampoco nuestro TC, ni el TS (ni siquiera en la actualidad), ahondan en esta idea.

5.- El intento de mejorar la conciliación entre protección de datos/ libertad de información nos ha llevado al estudio de la identidad digital, que ha ido surgiendo a lo largo de la monografía, en múltiples ocasiones, ligada a facetas y aspectos muy diversos, pero sobre todo a la jurisprudencia sobre el derecho al olvido.

En cuanto a qué comprende, si es o no un derecho y, si lo es, si es o no autónomo de la protección de datos, creemos que la identidad digital comprende elementos internos y externos (como ocurre, salvando las distancias, con la configuración del derecho al honor), y que está conformada por la conciencia/visión que cada persona tiene de sí misma, la que los demás creen tener de ella, y lo que quiere mostrar a los demás.

Consideramos, pues, que la identidad digital es un derecho, a pesar de que no existe ninguna regulación vinculante que lo regule. No tiene, en efecto, reconocimiento expreso ni en la CE, ni en la CDFUE, y ni siquiera en el recientemente aprobado Reglamento IA. Sin embargo, sí se regula en la CDD (texto no vinculante), pero en un sentido distinto al que aquí se propone. Todos estos textos mencionados regulan la identidad (o el derecho a la identidad digital, en el caso de la CDD) con un significado similar al previsto en el RGPD, art. 4 cuando define el término «datos personales». Es decir, como la suma de características o rasgos (físicos, psicológicos, culturales…) que identifican a una persona mediante «identificadores». No obstante, esta identidad ya encuentra protección en la normativa actual de protección de datos y se aleja del significado que consideramos que debe tener, amparados en el estudio previo. Además, esta normativa expuesta también contiene normas sobre el perfilado, pero en un sentido diferente al que se refiere la STJUE cuando habla de *«visión estructurada»*.

Creemos que el derecho a la protección de datos tiene que ampliar su contenido, continuar actualizándose y adaptarse a la realidad vigente de auténtica digitalización social; y lo debe hacer con este derecho a la identidad digital expuesto. Y, así, del examen de la normativa, doctrina y jurisprudencia examinada, podemos concluir que existe un derecho a la identidad digital que nos sirve —al menos, en lo que respecta a nuestro estudio de la excepción periodística, aunque es un derecho mucho más amplio, que será objeto de una futura línea de investigación—, para mejorar la conciliación entre el derecho a la protección de datos y el derecho a la libertad de información. En nuestra opinión se trata de un derecho autónomo, en el mismo sentido que el derecho al olvido (al que está íntimamente ligado). Y del mismo modo que el derecho al olvido está integrado en el derecho a la protección de datos, completando el contenido de este último derecho. Podríamos decir que es un derecho autónomo y, al mismo tiempo, un subderecho o faceta que garantiza el derecho a la protección de datos —como lo hacen los demás derechos que lo conforman—. Y a su vez, el derecho al olvido es una garantía del derecho a la identidad digital, pues necesita de él para su efectividad. En todo caso, el derecho a la identidad digital constituye un nuevo límite para la libertad de información; un punto clave en la regulación de la excepción periodística y, por tanto, en la conciliación entre dos derechos fundamentales imprescindibles en una era de absoluta digitalización: la protección de datos y la libertad de información.

6.- Por tanto, hemos observado a lo largo de la presente monografía, que existen dos problemas principales que deben solucionarse para mejorar la conciliación entre el derecho a la protección de datos y la libertad de información. Por un lado, la escasez normativa en materia de conciliación entre los derechos en juego y, al mismo tiempo, la dispersión normativa y jurisprudencial al respecto. Y, por otro lado, como consecuencia del examen anterior, se ha evidenciado la existencia de una laguna en dicha conciliación.

Ambos problemas se pueden y deben solucionar, y para ello hemos propuesto dos reformas distintas:

- Una reforma constitucional, que influirá de manera indirecta en la mejora de la conciliación entre los derechos en juego. Se trata de adaptar la terminología del art. 18.4 CE a la realidad normativa vigente y a la realidad de la ciudadanía que suele desconocer que en la CE no existe ningún precepto que hable expresamente de protección de datos. Se propone, por tanto, el siguiente texto del art. 18.4 CE: *«Se garantiza el derecho a la protección de datos personales»*. No es necesario introducir el derecho a la identidad digital, toda vez que, como el derecho al olvido, forma parte del contenido del derecho a la protección de datos, tal y como hemos venido exponiendo.

- Una propuesta de *lege ferenda* o de *soft law* (porque no es necesario que sea vinculante). Nuestra propuesta pretende que el legislador, sin necesidad de modificar la actual LOPDGDD, elabore una norma, o un código de buenas prácticas, que regule, principalmente, la excepción periodística para mejorar la conciliación entre el derecho a la protección de datos y la libertad de información. Se trataría de recoger en ella toda la normativa y jurisprudencia que aparece dispersa en la LOPDGDD y en el RGPD, que establecen excepciones periodísticas a la aplicación general de las normas, incluyendo también la jurisprudencia que trata dicha conciliación, al menos las sentencias relativas al derecho al olvido y cuya doctrina aparece resumida en la reciente STS, Sala de lo contencioso, 1757/2023, de 21 de diciembre. Y se propone, asimismo, la introducción de la necesaria referencia a la posibilidad del borrado de los enlaces que nos ofrecen las listas de resultados de los motores de búsqueda, en búsquedas efectuadas por el nombre. Ahora bien, sólo de aquellos enlaces que recojan fragmentos/retazos de noticias que, examinados en su conjunto, nos muestren una visión completa de la persona que pueda atentar contra su derecho a la identidad digital en el sentido que venimos exponiendo, aunque la información de los enlaces sea cierta, actualizada…

En ningún caso, con esta última inclusión en la propuesta de *lege ferenda* o de *soft law* se pretende borrar información, noticias difundidas digitalmente en el ejercicio del derecho fundamental a la libertad de información. Más bien al contrario, partimos de su no borrado. El borrado debe ser sólo de los enlaces que nos ofrezcan los motores de búsqueda generalistas, cuando las búsquedas se realicen por el nombre; pero, eso sí, con independencia de la información que contengan dichas páginas/enlaces: si son o no veraces, si se refieren o no a personas públicas, o si están o no obsoletas..., siempre que la visión conjunta que muestren atente contra la identidad digital.

Con esta propuesta se obtiene un Código que recogería toda la normativa y jurisprudencia existente en materia de conciliación entre protección de datos/libertad de información y que ahora mismo se encuentra dispersa; además de mejorar la conciliación ampliando el contenido actual de la protección de datos con el derecho a la identidad digital. Obteniendo con ello que quienes ejercen la libertad de información tengan mejor garantizado su derecho, toda vez que dispondrán de un Código que les facilitará el ejercicio de la actividad informativa, sin la inseguridad jurídica que conlleva la existencia de normativa dispersa. Al mismo tiempo, con la ampliación de la protección de datos, incluyendo el derecho a la identidad digital, se consigue que los titulares de este derecho tengan protegida una nueva faceta de su privacidad frente a los imparables progresos de la tecnología; garantizándoles una mayor efectividad del derecho a la protección de datos.

Podemos concluir confiando en que se continúe avanzando en la necesaria conciliación entre dos derechos fundamentales —tan necesarios en una sociedad digitalizada imparable— como son la protección de datos y la libertad de información; este último, además, pilar de nuestro sistema democrático. La adaptación del derecho a la realidad vigente es siempre necesaria para el progreso de la sociedad y, sobre todo, para alcanzar el objetivo primordial que es, siempre, una mejor tutela, una garantía más efectiva de los derechos para sus titulares.

AGRADECIMIENTOS

Esta obra, que es parte de mi tesis doctoral, ha sido posible gracias al entorno de trabajo del Programa de Doctorado en Ciencias Sociales y Jurídicas de la Universidad Miguel Hernández de Elche, a su Departamento de Ciencia Jurídica y al Área de Derecho Constitucional. En ellos he encontrado el acompañamiento académico y humano necesario para realizar esta labor.

Mi agradecimiento a la Catedrática de Derecho constitucional, Rosario Tur Ausina (directora de la tesis) y a la Profesora ayudante doctora de Derecho constitucional, Nuria Reche Tello (codirectora de la tesis), por su tutela académica y sabios consejos que han contribuido a mejorar esta obra.

Finalmente, mi agradecimiento a la editorial Colex por su excelente equipo de trabajo y la profesionalidad del mismo.

BIBLIOGRAFÍA

ABELLÁN LÓPEZ, M. A., «Los desafíos demográficos globales», *Pensar nuestra sociedad digital y global. Una invitación a la sociología*, Tirant Lo Blanch, Valencia, 2023.

ADSUARA VARELA, B., «X. El consentimiento», en PIÑAR MAÑAS, J. L. (dir.), *Reglamento general de protección de datos. Hacia un nuevo modelo europeo de privacidad,* Reus, Madrid, 2016.

ÁLVAREZ CARO, M., «XIV. El derecho de rectificación, cancelación, limitación del tratamiento, oposición y decisiones individuales automatizadas», en PIÑAR MAÑAS, J. L. (dir.), *Reglamento general de protección de datos. Hacia un nuevo modelo europeo de privacidad,* Reus, Madrid, 2016.

ÁLVAREZ CONDE, E. Y TUR AUSINA, R., *Manual de Derecho Constitucional*, Tecnos, Madrid, 2023.

APARICIO ALDANA, R. K., *Derechos a la libertad de información y expresión en el contrato de trabajo*, Bosch, Barcelona, 2020.

— *Derecho a la libertad de información en su dimensión referida al derecho a difundir información sindical*, Bosch, Barcelona, 2020.

ARENAS RAMIRO, M., *El derecho fundamental a la protección de datos personales en Europa,* Tirant lo Blanch, Valencia, 2006.

— *El reglamento general de protección de datos: un enfoque nacional y comparado. Especial referencia a la LO 3/2018 de protección de datos y garantía de los derechos digitales*, Tirant lo Blanch, Valencia, 2019.

— «Los derechos digitales y la buena Administración digital» en **MEDINA GUERREO, M.** (coord.), *Los derechos de la ciudadanía ante la Administración digital*, CEPC, Madrid, 2023.

— «Nuevas tecnologías y retos para la protección de datos personales en Europa: el rastreo de contactos durante la pandemia por covid-19», *Confluencias*, vol. 25, n.º 3, PPGSD/UFF, Brasil, 2021.

BALAGUER CALLEJÓN, F., «La subsidiariedad en la UE», *Revista de Derecho Constitucional europeo*, n.º 31, Universidad de Granada, Granada, 2019.

BALLESTEROS MOFFA, L. A., *Las fronteras de la privacidad. El conflicto entre seguridad pública y datos personales en una sociedad amenazada y tecnológica*, Comares, Madrid, 2020.

BRYSON, J., «La última década y el futuro del impacto de la IA en la sociedad», *¿Hacia una nueva ilustración? Una década trascendente*, BBVA, Madrid, 2019.

BURZACO SAMPER, M., *Protección de datos personales*, Dykinson, Madrid, 2020.

CABALLERO TRENADO, L. «Cartografía legal de la autodeterminación informativa digital. Un derecho de construcción jurisprudencial», *Universitas*, n.º 35, Universidad Carlos III, Madrid, 2021.

CARDONA RUBERT, M. B., «Tratamiento de datos personales e inteligencia artificial en el marco de las relaciones laborales», *Documentación laboral*, n.º 126, Cinca, Madrid, 2022.

CASTELLS OLIVÁN, M., *La era de la información: economía, sociedad y cultura. El poder de la identidad*, vol. 2, Siglo XXI, México, 2003.

CASTRO BONILLA, A., *Derecho de autor y nuevas tecnologías*, EUNED, Costa Rica, 2006.

— «La sociedad de la información», *Revista de Ciencias Jurídicas*, n.º 100, Universidad de Costa Rica, Costa Rica, 2003.

CAVERO MOCHALES, N., «Artículo 2. Ámbito de aplicación de los Títulos I a IX y de los artículos 89 a 94», en **ARENAS RAMIRO, M.** (dir.) y **ORTEGA GIMÉNEZ, A.** (dir.), *Protección de datos: comentarios a la Ley orgánica de Protección de Datos y Garantía de Derechos Digitales (en relación con el RGPD),* Sepín, Madrid, 2019.

CERUZZI, P.E., «Historia de la informática», *Fronteras del conocimiento*, BBVA, Madrid, 2008.

CHANO REGAÑA, L., «Ponderación (Tribunal Constitucional español)», *Eunomía. Revista en Cultura de la Legalidadc*, n.º 23, Universidad Carlos III de Madrid, Madrid, 2022.

COTINO HUESO, L., «Sesgos y discriminación algorítmica ¿de qué hablamos? Y algunos ejemplos», en **GAMERO CASADO, E.** (dir.) *Inteligencia artificial y sector público. Retos, límites y medios,* Tirant lo Blanch, Valencia, 2020.

COTINO HUESO, L. (dir.) y **BAUZÁ REILLY, M.** (coord.), *Derechos y garantías ante la inteligencia artificial y las decisiones automatizadas,* Aranzadi, Madrid, 2022.

DA COSTA CARBALLO, C. M., «Los orígenes de la informática», *Revista General de Información y Documentación*, vol. 8, n.º 1, Universidad Complutense, Madrid, 1998.

DE DOMINGO PÉREZ, T., *¿Conflictos entre derechos fundamentales?,* Centro de Estudios políticos y Constitucionales, Madrid, 2001.

DE LAS HERAS VIVES, L. Y DE VERDA Y BEAMONTE, J. R., «Artículo 7. Consentimiento de los menores de edad», en **ARENAS RAMIRO, M.** (dir.) y **ORTEGA GIMÉNEZ, A.** (dir.), *Protección de datos: comentarios a la Ley orgánica de Protección de Datos y Garantía de Derechos Digitales (en relación con el RGPD),* Sepín, Madrid, 2019.

DE VERDA Y BEAMONTE, J.R., «El deber de veracidad del informador», *IDIBE*, abril 2015.

Del Hierro, J. L., «Verdad y veracidad informativas: el ejemplo español», *Eunomía. Revista en Cultura de la Legalidad*, n.º 7, UC3M, Madrid, septiembre 2014-febrero 2015.

Domenech, F., «¿Quién inventó el primer ordenador?», *Blog Tecnología visionarios*, OpendMind BBVA, 2020.

Domínguez Álvarez, J. L. et al., *Tratado de protección de datos personales: pasado, presente y futuro de la tutela jurídica de los derechos de la privacidad*, Editorial Colex, A Coruña, 2023.

Estepa Montero, M., «La conformación del Derecho al Olvido en la protección de datos personales», *Anuario jurídico y económico escuarialense*, n.º 56, Real Centro Universitario Escorial-María Cristina, Madrid, 2023.

Facultad de Informática de Barcelona (FIB), «Historia de internet», *Retro informática. El pasado del futuro*, FIB, «s.f.».

Fernández Hernández, C., «Inteligencia Artificial y derechos fundamentales, ¿qué regulación?», *Derecho digital e innovación*, n.º 11, Wolters Kluwer, Madrid, 2022.

Galdamez Morales, A., «Derecho a la verdad y cánones de veracidad», *Estudios de Deusto*, vol. 69, Facultad de derecho de Deusto, Bilbao, 2021.

García Avilés, J. A., «El impacto de la inteligencia artificial en el periodismo», *Blog UMH*, UMH, 2019.

García Mexía, P., «II. La singular naturaleza jurídica del Reglamento general de protección de datos de la UE. Sus efectos en el acervo nacional sobre protección de datos», en Piñar Mañas, J. L. (dir.), *Reglamento general de protección de datos. Hacia un nuevo modelo europeo de privacidad,* Reus, Madrid, 2016.

García Toma, V., «La dignidad humana y los derechos fundamentales», *Revista Derecho y Sociedad*, n.º 51, Pontificia Universidad Católica de Perú, Lima, 2018.

Garriga Domínguez, A., «Artículo 4. Exactitud de los datos», en Arenas Ramiro, M. (dir.) y Ortega Giménez, A. (dir.), *Protección de datos: comentarios a la Ley orgánica de Protección de Datos y Garantía de Derechos Digitales (en relación con el RGPD),* Sepín, Madrid, 2019.

GIONES-VALLS, A. Y SERRAT-BRUSTENGA, M., «La gestión de la identidad digital: una nueva habilidad informacional y digital», *Revista bid*, n.º 24, Facultad de Biblioteconomia i Documentació de la Universitat de Barcelona, Barcelona, 2010.

GOMEZ, P., «Historia de la programación: ¿qué es y cómo ha evolucionado con los años», *Blog lenguajes de programación,* devCamp by Bottega, 2023.

GORRAIZ DE LA MATA, R., «Cómo funciona el algoritmo de Google: conoce las pistas para posicionar mejor», *Blog de SEO*, agencia SEO, Madrid, 2020.

HEREDERO HIGUERAS, M., «La LORTAD y su futuro. La Ley Orgánica 5/1992, de 29 de octubre de regulación del tratamiento automatizado de los datos de carácter personal», *Informática y Derecho*, UNED, Madrid, 1998.

HERNÁNDEZ LÓPEZ, J. M., *Esquemas de protección de datos: reglamento general de protección de datos, Ley orgánica 3/2018, de diciembre de protección de datos personales y garantía de los derechos digitales*, Tirant lo Blanch, Valencia, 2020.

HERRERA DE LAS HERAS, R., *Aspectos legales de la inteligencia artificial: personalidad jurídica de los robots, protección de datos y responsabilidad civil,* Dykinson, Madrid, 2022.

HOTMART, «Cambio en el algoritmo de Google: ¿qué es y cómo seguirlo?», *Blog Hotmart*, Hotmart, 2022.

HUYALUPO ALCÁZAR, J., «La incomunicación social en la globalización de las técnicas comunicativas», *Revista de Ciencias económicas,* vol. 28, n.º 2, Universidad de costa Rica, Costa Rica, 2010.

JACORZYNSKI, W., «El mundo perspectivista de José Ortega y Gasset», *Kultura i Wartosci,* Instituto de Estudios Alemanes y Lingüística Aplicada, Alemania, 2020.

LETURIA INFANTE, F.J., «Fundamentos jurídicos del derecho al olvido ¿un nuevo derecho de origen europeo o una respuesta típica ante colisiones entre ciertos derechos fundamentales?», *Revista chilena de derecho*, vol. 43, n.º 1, Universidad Católica de Chile, Santiago de Chile, pp. 91-113.

LÓPEZ LÓPEZ, P. Y MORILLO CALERO, M.J., «Derecho a la información y democracia en el marco de la globalización neoliberal: bibliotecas, archivos y medios de comunicación de masas», en LÓPEZ LÓPEZ, P. Y GIMENO PERELLÓ, J (coords.), *Información, conocimiento y bibliotecas en el marco de la globalización neoliberal*, Trea, Gijón, 2005.

LÓPEZ SERNA, M. L. Y KALA, J.C., «Derecho a la identidad personal, como resultado del libre desarrollo de la personalidad», *Ciencia Jurídica*, vol. 7, n.º 14, Universidad de Guanajuato, Guanajuato, 2018.

LUCAS MURILLO DE LA CUEVA, P., «La construcción del derecho a la autodeterminación informativa», *Revista de Estudios Políticos,* n.º 104, Centro de Estudios Políticos y Constitucionales, Madrid, 1999.

— «La Constitución y el derecho a la autodeterminación informativa», *Cuadernos de derecho público*, INAP, Madrid, 2003.

LUCAS MURILLO DE LA CUEVA, P. Y PIÑAR MAÑAS J. L., *El derecho a la autodeterminación informativa,* Fundación Coloquio Jurídico Europeo, Madrid, 2009.

MAITTA ROSADO, I. *et al.*, «Factores biológicos, psicológicos y sociales que afectan en la salud mental», *Revista Caribeña de Ciencias Sociales*, Future Publishers Group Ltda, Brasil, 2018.

MARISCAL RIVERA, M.P., «Aplicación del test proporcionalidad en la argumentación de las resoluciones judiciales en el ámbito del derecho civil», *Revista de Derecho de la UNAP*, vol. 4, n.º 2, UNAP, Perú, 2019.

MARTÍN GUARDADO, S., «Desinformación, odio y polarización en el entorno digital: segregación de la esfera pública y efectos sobre la democracia», *Estudios en derecho a la información,* n.º 15, UNAM, México, 2023.

MARTÍNEZ, M., «Internet: así nació y así creció», *Blog Red*, Orange, 2019.

MARTÍNEZ, R., *Protección de datos de carácter personal*, Tirant lo Blanch, Valencia, 2019.

MARTÍNEZ MARTÍNEZ, R., «Artículo 14. Derecho de rectificación», en ARENAS RAMIRO, M. (dir.) y ORTEGA GIMÉNEZ, A. (dir.), *Protección de datos: comentarios a la Ley orgánica de Protección de Datos y Garantía de Derechos Digitales (en relación con el RGPD),* Sepín, Madrid, 2019.

— «Artículo 15. Derecho de supresión», en ARENAS RAMIRO, M. (dir.) y ORTEGA GIMÉNEZ, A. (dir.), *Protección de datos: comentarios a la Ley orgánica de Protección de Datos y Garantía de Derechos Digitales (en relación con el RGPD),* Sepín, Madrid, 2019.

MUÑOZ CALVO, L. *et al.*, «Nuevas tecnologías y redes sociales: la salud mental tras la pantalla», *Revista Encuentro*, n.º 2, Confederación Salud Mental España, Madrid, 2022.

MUÑOZ, J. «La desindexación de contenidos del índice de resultados de buscadores de internet tras la sentencia del TJUE sobre "derecho al olvido"», *Blog Abogacía española*, CGAE, Madrid, 2014.

MUÑOZ MACHADO, S., *La regulación de la red,* Taurus, Madrid, 2000.

MUÑOZ-MACHADO CAÑAS, J., «XXXII. Tratamiento de datos y libertad de expresión e información», en PIÑAR MAÑAS, J. L. (dir.), *Reglamento general de protección de datos. Hacia un nuevo modelo europeo de privacidad,* Reus, Madrid, 2016.

MUÑOZ VAN DEN EYNDE, A., *¿Quién decide qué noticias consultamos, Google o nosotros?,* El economista, junio 2023.

NUNO GOMES DE ANDRADE, N., «El olvido: El derecho a ser diferente… de uno mismo. Una reconsideración del derecho a ser olvidado», *Monográfico del VII Congreso Internacional Internet, Derecho y Política. Neutralidad de la red y otros retos para el futuro de Internet, IDP Revista de los Estudios de Derecho y Ciencia Política de la UOC*, n.º 13, UOC, Barcelona, febrero de 2012.

OLIVERO CEPEDA, M. E., «Derecho al olvido. Libertad de expresión e información», *Revista latinoamericana de derechos humanos,* Instituto de Estudios Latinoamericanos, Costa Rica, 2022.

ORTEGA GIMÉNEZ, A., «El derecho a la protección de datos personales y su necesaria materialización ius internacional privatista para la salvaguarda de la dignidad del ser humano», *Empresas transnacionales, derechos humanos y cadenas de valor*, Editorial Colex, A Coruña, 2023.

— *Las aplicaciones del Big Data en el ámbito asegurador y el tratamiento legal de sus datos. Una perspectiva desde el derecho internacional privado*, Fundación Mapfre, Madrid, 2019.

— «Las nuevas tecnologías y la protección de datos de carácter personal desde el derecho internacional privado: Redes sociales de internet y cloud computing», *Actualidad Civil*, n.º 12, Wolters Kluwer, Madrid, 2023.

ORTS RODRÍGUEZ, A., «Derecho a la protección de datos personales ¿alejado de los constituyentes?», en TUR AUSINA, R. (dir.), *Sujetos, derecho y lealtad constitucional,* Aranzadi, Madrid, 2022.

— «La -de- limitación del derecho de defensa en una justicia digitalizada», en SANJUAN ANDRÉS, F. J. (dir.) y TUR AUSINA, R. (coord.), *El constitucionalismo ante la digitalización de la realidad social*, *Cuadernos digitales. Derecho y nuevas tecnologías*, n.º 9, Aranzadi, Madrid, 2024.

ORTS RODRÍGUEZ, A., TUR AUSINA, R. Y RECHE TELLO, N., «Digitalización de la sociedad. ¿(Des)protección de los derechos fundamentales?», *Revista del Centro de Estudios Jurídicos y de Postgrado,* n.º 3, CEJUP, Madrid, 2023.

PARDO CÉSPEDES, L., *La privacidad en la era digital ¿el fin de la libertad?,* Linkedin, marzo 2020.

PASCUAL ESTAPÉ, J. A., «30 años de la informática doméstica en España», *Computer hoy*, noviembre 2014.

PAUNER CHULVI, C., «La libertad de información como límite al derecho a la protección de datos personales: la excepción periodística», *Teoría y realidad constitucional*, UNED, 2015.

PEPPET, S., «Regulating the Internet of Things: First Steps Toward Managing Discrimination, Privacy, Security, and Consent», *Texas Law Review*, Texas, 2014.

PEREZ LUÑO, A. E., *Derechos humanos, Estado de Derecho y Constitución*, Tecnos, Madrid, 2018.

PÉREZ MARTÍNEZ, M.R., «Protección de datos personales y derecho a la autodeterminación informativa: Régimen jurídico», *Revista de derecho,* Universidad Centroamericana de Nicaragua, Nicaragua, 2020.

PERTUZ CRESPO, A. Y ROPAIN ESCOBAR, A.M., «Desafíos contemporáneos a la relación problemática entre redes sociales y el ejercicio del derecho fundamental a la libertad de expresión», *Revista Vis Iuris*, vol. 8, Universidad Sergio Arboleda, 2022.

PIÑAR MAÑAS, J. L., «Sociedad, innovación y privacidad», *El cambio digital en la economía, un proceso disruptivo*, n.º 897, ICE, Madrid, 2017.

PLIESHAKOV, A., «¿Cuándo se inventó el primer ordenador?», *Blog Info-Computer,* INFOCUMPUTER, 2023.

PRIETO SANCHÍS, L., *Estudios sobre derechos fundamentales*, Debate, Madrid, 1990.

— *Justicia Constitucional y Derechos Fundamentales*. Trotta, Madrid, 2014.

PUYOL MONTERO, J., *Delegado de protección de datos (DPO): dominio III*, Tirant lo Blanch, Valencia, 2020.

— *Guía sobre documentación en materia de protección de datos personales (2018-2021)*, Tirant lo Blanch, Valencia, 2022.

REBOLLO VARGAS, R., *Aproximación a la jurisprudencia constitucional: libertad de expresión e información y sus límites penales*, PPU, Barcelona, 1992.

RECHE TELLO, N., «La desconexión digital como límite frente a la invasión de la privacidad», *Iuslabor*, n.º 3, UPF, Barcelona, 2019.

RIDAO MARTÍN, J., «Las actuales limitaciones sobre la participación política y la libertad de información en el espacio público en España. Una lectura constitucional de la Ley Orgánica 4/2015, de 30 de marzo, de protección de la seguridad ciudadana», *Revista española de Derecho Constitucional*, vol. 36, n.º 107, Centro de Estudios Políticos y Constitucionales, Madrid, 2021.

Rodríguez Roca, A., *La protección de datos personales en los juzgados y tribunales: un enfoque desde la perspectiva procesal*, Wolters Kluwer, Madrid, 2022.

Ruíz Tarrías, S., «La búsqueda de un modelo regulatorio de la IA en la Unión Europea», *Anales de la Cátedra Francisco Suárez*, n.º 57, Universidad de Granada, Granada, 2023.

Sacristán Sánchez, E., «Los sesgos de la inteligencia artificial pueden pasar a las personas», *Ethic*, octubre 2023.

Sala Ledesma, E., «Reseñas de jurisprudencia (enero-junio 2014) Unión Europea», *Ars Iuris Slamnticensis*, vol. 2, Universidad de Salamanca, Salamanca, diciembre 2014.

Saldaña Díaz, M. N., «The Right to Privacy. La génesis de la protección de la privacidad en el sistema constitucional norteamericano: el centenario legado de Warren y Brandeis», *Revista de Derecho Político*, n.º 85, UNED, Madrid, septiembre-diciembre 2012.

Saorín Sánchez, F. L. y Gutiérrez Porlán, I., «La identidad digital del alumnado universitario: estudio descriptivo en la Facultad de educación de la Universidad de Murcia», *Revista Interuniversitaria de Investigación en Tecnología Educativa (RIITE)*, n.º 4, Universidad de Murcia, Murcia, 2018.

Schafer, A., «Privacy: A Philosophical Overview», *Aspects of Privacy Law*, D. Gibson, Butterworth, University of Manitoba, Manitoba,1980.

Schwartz, P. M., «Internet, Privacy and the State», *Connecticut Law Review,* Universidad de Connecticut, Storrs, 2000.

Seijas Villadangos, E., «El pulso del populismo global a la constitución. Pinceladas de un escenario distópico», en Tur Ausina, R. (dir.), *Sujetos, derecho y lealtad constitucional,* Aranzadi, Madrid, 2022.

Serrano Pérez, M. M., «El derecho fundamental a la Protección de Datos. Su contenido esencial», *Nuevas Políticas Públicas: Anuario multidisciplinar para la modernización de las Administraciones Públicas*, n.º 1, Madrid, 2005.

Torreblanca, F., «Qué es el carwling y su importancia en SEO», Marketing y comunicación, ESIC, 2021.

Tortajada Chardi, P., «Implementación normativa del artículo 18.4 de la CE: el derecho al olvido», *Revista Práctica de derecho*, n.º 258, Centro de Estudios Financieros, Madrid, 2022.

Toscano, M., «Sobre el concepto de privacidad: la relación entre privacidad e intimidad», *Revista de filosofía moral y política*, n.º 57, Instituto de Filosofía del CESIC, Madrid, 2017.

Trilnick, C., «Máquina diferencial – Máquina analítica», *Blog IDIS*, IDIS, «s.f».

— «Ada Lovelace», *Blog IDIS, IDIS*, «s.f».

Tur Ausina, R., *Garantía de derechos y jurisdicción constitucional. Efectividad del amparo tras la sentencia estimatoria*, Tirant lo Blanch, Valencia, 2007.

— «Lealtad constitucional y democracia», *Revista de derecho político*, n.º 101, UNED, Madrid, 2018.

— «Luces y sombras de los derechos sociales en la carta de los derechos fundamentales de la Unión Europea», *Revista europea de derechos fundamentales*, n.º 13, Comares, Madrid, 2009.

Türk, A., «La ley francesa de protección de datos de carácter personal», *Curso de verano: Hacia un nuevo Reglamento de la Ley Orgánica de Protección de datos*, UIMP, Santander, 2005.

UMA Divulga, «Tarjetas perforadas», *Blog UMA Divulga*, Divulgación científica de la Universidad de Málaga, «s.f».

Urías Martínez, J., «Insultos en el Tribunal Constitucional (sobre un requisito para el ejercicio de las libertades de expresión e información)», *Revista española de Derecho Constitucional*, vol. 41, n.º 121, Centro de Estudios Políticos y Constitucionales, Madrid, 2021.

Viguera Figueroa, H., «La veracidad en la libertad de información consideraciones para un nuevo alcance», *Estudios en derecho a la información*, n.º 12, UNAM, México, 2021.

Vinuesa Anguita, P., «¿Quién fue el inventor del ordenador?», *Blog Orange Innovación,* Orange, 2022.

WOOD, A. F. Y SMITH, M. J., «Forming online identities», *Online communication: linking technology, idenity, and culture*, LEA, New Jersey, 2005.

YANES, J., «50 años de Internet: mmedio siglo de luces y sombras», *Blog Tecnología visionarios*, OpendMind BBVA, 2019.

PRINCIPALES SENTENCIAS, MEMORIAS Y DOCUMENTOS DE INTERÉS CONSULTADOS

SENTENCIAS

- STC, Sala 2.ª, 6/1981, de 16 de marzo.
- STC, Sala 2.ª, 105/1983, de 23 de noviembre.
- STC, Sala 1.ª, 6/1988, de 21 de enero.
- STC, Sala 2.ª, 76/1995, de 22 de mayo.
- STC, Sala 1.ª, 21/2000, de 31 de enero.
- STC, Pleno, 290/2000, de 30 de noviembre.
- STC, Pleno, 292/2000, de 30 de noviembre.
- STC, Sala 2.ª, 52/2002, de 25 de febrero.
- STC, Sala 1.ª, 58/2018, de 4 de junio.
- STC, Sala 2.ª, 160/2021, de 4 de octubre.
- STC, Pleno, 8/2022, de 27 de enero.
- STC, Pleno, 89/2022, de 29 de junio.
- STC, Pleno, 105/2022, de 13 de septiembre.
- STC, Pleno, 119/2022, de 29 de septiembre.

- STEDH, asunto T. *et al.* contra Rusia, de 28 de julio de 2022.
- STEDH, asunto V. contra Rumanía, de 5 de julio de 2022.
- STEDH, asunto T. *et al.* contra Rusia, de 28 de julio de 2022.
- STJUE, Gran Sala, de 13 de mayo de 2014, asunto Google Spain y Google.
- STJUE, 9 de marzo de 2017, asunto 398/15.
- STJUE, 20 de diciembre de 2017, asunto C-434/16.
- STJUE, Gran Sala, de 5 de junio de 2018, asunto C-210/16.
- STJUE, Gran Sala, de 10 de julio de 2018, asunto C-25/17.
- STJUE, Gran Sala, de 2 de octubre de 2018, asunto C-207/16.
- STJUE, de 14 de febrero de 2019, asunto C-345/17.
- STJUE, de 12 de enero de 2023, asunto C-154/21.
- STJUE, 22 de junio de 2023, asunto C-579/21.
- STS, sala de lo contencioso, 1757/2023, de 21 de diciembre.
- STS, sala de lo contencioso, 1401/2024, de 4 de marzo.

MEMORIAS Y DOCUMENTOS

AGENCIA DE PROTECCIÓN DE DATOS, *Memoria 1994*, AEPD, Madrid, 1994.

— *Memoria 2000*, AEPD, Madrid, 2000.

COMISIÓN EUROPEA, *Libro blanco sobre la inteligencia artificial: un enfoque europeo hacia la excelencia y la confianza,* UE, Bruselas, 2020.

CONSEJERÍA DE EDUCACIÓN, UNIVERSIDADES Y SOSTENIBILIDAD DEL GOBIERNO DE CANARIAS, «Gestión de la identidad digital», *Módulo Ciudadanía e identidad digital*, Gobierno de Canarias, "s.f.".

GABINETE JURÍDICO DE LA AEPD, *Informe N/REF: 002540/2019*, AEPD, Madrid, 2019.

GRUPO DE TRABAJO DEL ARTÍCULO 29, *Dictamen 4/2007 sobre el concepto de datos personales*, UE, 2007.

— *Dictamen 6/2014 sobre el concepto de interés legítimo del responsable del tratamiento de los datos en virtud del artículo 7 de la Directiva 95/46/CE*, UE, 2014.

INSTITUTO NACIONAL DE TECNOLOGÍAS DE LA COMUNICACIÓN, *Estudio sobre la privacidad de los datos y la seguridad de la información en las redes sociales online,* INTECO, Madrid, 2009.

SECRETARÍA DE ESTADO DE DIGITALIZACIÓN E INTELIGENCIA ARTIFICIAL, *España Digital 2025 – Transición digital*, Ministerio para la transformación digital y de la función pública, Madrid, «s.f.».

SECRETARÍA GENERAL DE COORDINACIÓN DE POLÍTICA CIENTÍFICA DEL MINISTERIO DE CIENCIA, INNOVACIÓN Y UNIVERSIDADES Y GRUPO DE TRABAJO EN INTELIGENCIA ARTIFICIAL GTIA, *Estrategia española de I+D+I en inteligencia artificial*, Secretaría General Técnica del Ministerio de Ciencia, Innovación y Universidades, Madrid, 2019.

TC, *nota informativa*, n.º 60/2018, de 26 de junio, TC, 2018.

TJUE, *comunicado de prensa*, n.º 70/14, de 13 de mayo, TJUE, 2014.